Lago Maggiore

Aylie Lonmon

DUMONT direkt

Inhalt

Benvenuti

Zu Gast am Lago Maggiore

Orte von A bis Z

Blick auf Isola Bella mit Borromeo-Palast und kunstvoll angelegtem Garten

12 Highlights

Extra-Touren

19 Reisetipps Lago Maggiore

Lago Maggiore im Internet

Leider sind viele Web-Seiten in Italien nur auf Italienisch, manche sind auf Englisch oder haben zumindest eine englische Sprachversion.
Landeskennung: .it

Da ständig neue Seiten dazukommen, alte verschwinden, braucht man vor allem die großen allgemeingültigen, die viele Links haben. Die Seiten der einzelnen Fremdenverkehrsvereine, die unter angegeben sind, sind zum Teil sehr informationsreich, so z.B. **www.tenero-tourism.ch.** Hier gibt es eine lange Liste mit sämtlichen Links im Locarnese.

Allgemeine Informationen über das Gebiet

www.maggiore.ch heißt die Schweizer, **www.distrettolaghi.it** die piemontesische und die lombardische Webseite **www.provincia.varese.it** vom Lago Maggiore. Alle drei sind zumindest zum Teil auf Deutsch und haben viele nützliche Links.
Bei **www.provincia.va.it** klicke man auf **preziosità da vivere.** Dort findet man Informationen auf Deutsch zu Themen, Touren und Sehenswürdigkeiten in der Provinz Varese.
www.lagomaggiore.net Web-Seite über den ganzen See mit vielen Links auch auf Deutsch über Orte, Sport, Ausflüge, Nautik, Strände, Fahrpläne etc.
www.ticino.tourism.ch Diese Infoseite für das Tessin ist auf Deutsch und enthält zahlreiche wertvolle Links zu Veranstaltungen, Wetter, Sehenswürdigkeiten, Hotels, Gastronomie etc.
www.borromeoturismo.it Auch auf Deutsch mit Informationen zu den Borromeobesitzen, Isola Moadre, Isola Bella und Rocca Borromeo.
www.vareseweb.it Leider nur auf Italienisch mit Infos über Kunst, Kino, Freizeit, Shopping usw.

Wohnen

Viele Hotels haben gute eigene Seiten mit nützlichen Informationen für ihre Gäste. Die Internetseiten der Hotels stehen bei den jeweiligen Adressen.
www.agriturismo.ch Die Seite informiert auf Italienisch über die Agriturismi (s. S. 23) und was sie jeweils bieten.

Das Wetter

Die Wettervorhersage der Südschweiz gilt auch für den Lago Maggiore **www.meteosvizzera.ch**
Für die Wettervorhersage in der Provinz Varese auch **www.astrogeo.va.it/meteo.htm** (nur auf Italienisch)

Unterwegs

www.navigazionelaghi.it

Für Trekking und Exkursionen

www.montagna.ch Nur auf Italienisch
www.capanneti.ch Hier gibt es Informationen über Berghütten
www.parchilagomaggiore.it Seiten über Naturschutzgebiete am Lago Maggiore zum Teil auf Englisch
www.parks.it Man muss auf der Karte auf Piemont klicken und dann Provinz Verbania. Seiten z. T. auf Deutsch.
www.fondoambiente.it Leider nur auf Italienisch, informiert über die vielen interessanten Initiativen und Ausstellungen des FAI (Fondo Ambiente Italiano), das drei Besitze in der Provinz von Varese hat.
www.ftia.ch ist eine Web-Seite für Behinderte mit Vorschlägen für Ausflüge, die man auch im Rollstuhl unternehmen kann. Leider nur auf Italienisch.

Benv

Das »Land, wo die Zitronen blühen« lag für Goethe nicht etwa in Sizilien, sondern an den oberitalienischen Seen. Im Norden zum Tessin, im Westen zum Piemont und im Osten zur Lombardei gehörend, bietet der Lago Maggiore zauberhafte und ganz unterschiedliche Stimmungen: mal karg wie im Hinterland, mal mondän wie in Locarno und mal touristisch wie in Stresa – eine faszinierend vielfältige Welt, deren

enuti

Reiz sich kaum jemand entziehen kann. Die Begeisterung für diese einzigartige Mixtur aus Kulturlandschaft und exotisch anmutender Natur teilten schon bedeutende Literaten wie Dickens, Flaubert und Hemingway sowie berühmte politische Gestalten wie Napoleon oder Queen Victoria, die die *sponda grassa* – das subtropische Westufer des Sees – zu ihrem Feriendomizil machten.

Willkommen

›Zauber der Landschaften‹

Die Region um den Lago Maggiore zeichnet sich durch ein ungewöhnliches Klima aus. Im Sommer mildert die Bergkette der Südalpen die Bleihitze der Poebene; im Winter hält sie die größte Kälte fern. Bereits im Neolithikum (ca. 6. Jt. bis 2. Jt. v. Chr.) war die Gegend um den See besiedelt. Auch aufgrund seiner geografisch zentralen Lage hat der Lago Maggiore, wie auch seine Nachbarn, der Comer See und der Gardasee, schon immer zahlreiche Menschen angezogen.

Es sind vor allem die landschaftlichen Kontraste, die hier faszinieren: Während das östliche Ufer karg und wild ist, herrschen am sonnigen Westufer des Lago Maggiore Glanz und Pracht – herrschaftliche Villen und Paläste, üppige Parks und Gärten wetteifern um die Gunst der Besucher.

Bootsfahrt auf dem Lago

Man sollte unbedingt den Lago Maggiore auch vom See selbst aus betrachten, also auf jeden Fall eine Bootsfahrt oder ähnliches machen. Denn vom Wasser aus wirkt alles beschaulicher und ursprünglicher.

Im Zentrum jeder Besichtigungstour steht ohne Zweifel der Golfo Borromeo mit seinen bezaubernden Inseln, die die drei Seelen des Sees verkörpern: die raffinierte, künstliche Seele mit der fürstlichen Residenz auf der Isola Bella, die pittoreske auf der Isola dei Pescatori und die natürliche in der botanischen Landschaft der Isola Madre. Im 16. Jh. kamen die Inseln in den Besitz der Familie Borromeo, die seit der zweiten Hälfte des 15. Jh. am Lago Maggiore ›regierte‹. Zunächst benutzten die Borromeos sie als militärische Stützpunkte, später jedoch – seit dem 17. Jh. – als Sommerresidenzen.

Die botanischen Gärten dokumentieren die Geschichte einzelner Kulturpflanzen wie etwa der von den Römern eingeführten Kastanie oder der Zitrone, einer Frucht aus Arabien. Kirschlorbeer und Hyazinthen aus der Türkei gedeihen in dem günstigen Seeklima ebenso wie Magnolien aus Ostasien.

Architektur und Natur

Als Kontrast zu diesen reichen Kulturlandschaften stellt sich das einfache Leben der Bevölkerung in den Bergen und Tälern dar. Große Kunst und Architektur sucht man hier vergebens. Stattdessen zeugen zahlreiche romanische Kirchen mit ihren weithin sichtbaren Türmen von der Gegenwart der

Panoramablick auf Ascona

christlichen Traditionen. Die ältesten dieser eher schlichten Gotteshäuser stammen aus dem 12. Jh., wie Erwähnungen in einer Bulle von Papst Innozenz II. belegen. Die meisten Kirchen sowie einige der edlen Villen rund um den See entstanden dagegen erst im Zeitalter des Barock.

Die nächste architektonische Blütezeit kam mit dem Jugendstil, der nicht nur an Villen und Hotels seine Spuren hinterließ. So sieht man an den Schiffsanlegeplätzen von Meina, Pallanza und Baveno verspielte Dekorationen aus Stuck und Schmiedeeisen, die sich auch in den Bahnhöfen von Belgirate und Arona aus der Zeit der Wende zum 20. Jh. wiederfinden. Einst hielt der legendenumwobene Orientexpress in Arona.

Die kostbarsten, frühen Fresken sind in der Rocca di Angera sowie in den Kirchen Mater Misericordia in Ascona und Madonna di Selva in Locarno zu bestaunen.

Der Massentourismus und der Verkehr haben den Zauber dieses Sees nicht brechen können. Sein jahreszeitlich unterschiedliches Farben- und Wellenspiel vor der grandiosen Kulisse schneebedeckter Gipfel, aber auch die monsunartigen Wolkenbrüche, die zuweilen die große, Ruhe ausstrahlende Wasserfläche aufwühlen, sind ein Naturschauspiel für sich.

Mediterran und wild

Karg und üppig, turbulent und einsam präsentiert sich das Gebiet um den Lago Maggiore, der nördliche und mediterrane Natur in einer spannungsgeladenen Mischung verbindet. Hinter ihm verbirgt sich z. B. das größte Wilderness-Gebiet Italiens: die Val Grande. Die raue und einzigartige, nur zum Teil erschlossene Landschaft umfasst 11 700 Hektar und wurde 1992 zum Nationalpark ernannt. Das bergige Terrain rund um den See ist ideal zum Wandern.

Atemberaubende Aussichten und Einsichten in eine Welt fern des touristischen Trubels erwarten die Besucher in abgelegenen Dörfern. Bis vor wenigen Jahrzehnten haben dort Bauern vom kargen Boden, dem Holz und der Sennwirtschaft ein bescheidenes Dasein gefristet. Der Kampf um die Existenz in den Tälern war hart. Seit jeher mussten die Männer im Winter ihre Heimat verlassen, um irgendwo als Maurer oder Stuckateure Arbeit zu finden. Wer in die Städte ging, verdingte sich nicht selten als Kaminkehrer. Bewohner der Regionen Valle Maggia, Val Verzasca und Valle Vigezzo übten oft mit der ganzen Familie diesen harten Beruf aus, und auch ihre dünnen Kinder mussten für einen Hungerlohn in die rußigen Schächte kriechen. Ein Schornsteinfeger-Museum in S. Maria

Idylle pur – zwischen Kirschbaum und Palme den Blick auf den See genießen

Maggiore (s. S. 58) erinnert an diese dunklen Zeiten.

Wer ein besseres Gespür für die Lage des Sees bekommen möchte, der schaut ihn sich am besten einmal von oben an. Manche Wallfahrtskirchen, wie die Madonna del Sasso auf einem Felsenvorsprung oberhalb von Locarno gelegen, bieten eine hervorragende Aussicht. Den besten Blick hat man natürlich von einem der umliegenden Berge: Vom Sasso Ferro etwa oberhalb von Laveno oder vom Mottarone, dem von Stresa aus erreichbaren Skigebiet, in dem sich im Winter viele Mailänder vergnügen, erkennt man deutlich das fjordartige Becken des Lago, das – wie auch alle anderen Alpenseen – seine Form in der Eiszeit erhielt.

Trubel, Exotik, Geschichte

Im Sommer finden in fast allen Orten rund um den Lago rustikale Feste mit Musik und Tanz statt. Zu den herausragenden, kulturellen Ereignissen zählen die internationalen Musikwochen in Stresa sowie das jährliche Filmfestival in Locarno. Gleichermaßen beliebt bei Einheimischen und Urlaubern sind auch die häufigen Flohmärkte, auf denen man mit scharfem Blick und etwas Glück Erstaunliches ergattern kann.

Viele Orte direkt am Ufer sind während der Urlaubssaison (Frühjahr bis Herbst) mit dem Schiff bestens erreichbar. Von Arona im Süden bis hinauf nach Locarno im schweizerischen Norden unterhält die Schifffahrtsgesellschaft im Sommer einen regelmäßigen Transferbetrieb. Gerade auf einer solchen Tour kann man den Lago Maggiore in seiner landschaftlichen Vielfalt entdecken und die unterschiedliche Flora in West und Ost erkennen. Am lombardischen Ufer wachsen hauptsächlich Platanen, Kastanien- und Nussbäume. Am piemontesischen Westufer dagegen beeindruckt die Fülle exotischer Pflanzen wie Palmen, Oliven- oder Zitrusbäume in üppig wuchernden Gärten, die diese einstige Waldgegend berühmt gemacht haben.

Ein Wahrzeichen der Garten- und Parklandschaft sind die Pfauen. Sie stolzieren nicht nur als Dekor der gezähmten Naturwelt umher, sondern haben Eingang in die Malerei der Gegend gefunden. Selbst in den regionalen Wappen begegnen sie dem aufmerksamen Beobachter häufig. Wen es an den Lago Maggiore zieht, der wird auch von den feudalen Schlössern und Burgen begeistert sein. Besonders beeindruckend ist die Rocca di Angera. Von hier aus haben die Mailänder Herrscher, die Visconti, seinerzeit die Geschicke dieser Region Oberitaliens bestimmt.

Mailand und Tessin

Mailand war lange das Zentrum der kirchlich legitimierten Herrschaft über das Seegebiet. Im 13. Jh. rückte die Stadt in erreichbare Nähe dank des Wasserweges, der vom Lago Maggiore über den Ticino bis Pavia und von dort über ein hoch entwickeltes Kanalsystem *(navigli)* bis in die Stadt führte. Der Marmor für den Dom stammt z. B. aus einem Steinbruch bei Candoglia hinter Baveno und wurde auf diesem Wasserweg direkt nach Mailand befördert. Schon darum galt der Lago Maggiore seit jeher als der mailändischste der lombardischen Seen, der ab dem 19. Jh. zahlreiche wohlhabende Bürger aus der Großstadt verlockt hat, sich hier anzusiedeln. Sie errichteten prächtige Landhäuser und Villen am See, in die sie sich in den heißen Sommermonaten zurückzogen, um das gemäßigte Klima und die Naturkulisse zu genießen. Das Baumaterial für ihre luxuriösen Stadtwohnungen wiederum ließen sie vom Lago kommen.

Das Schweizer Ufer bietet dem Reisenden mit Locarno und dem kleineren, aber mondänen Ascona großstädtisches, gehobenes Flair. Heute bevölkert eine bunte Mischung aus Zugezogenen – vor allem aus Deutschland – und Einheimischen, Reichen, Aussteigern und Künstlern diese Gegend, die wie eine Riviera in Miniatur mit wilden Tälern im Hintergrund vieles zu bieten hat. Neben den kulturellen Angeboten wie dem Internationalen Filmfestival in Locarno oder wichtigen musikalischen Events sind es vor allem die unzähligen Sport- und Erholungsmöglichkeiten zu Land, zu Wasser und in der Luft, die den Lago Maggiore zu einem faszienierenden Urlaubs- und Wohnziel machen.

Lago Maggiore in Zahlen

Lage: Der zweitgrößte, fjordartige See Italiens (66 km lang, Fläche 212 qkm) gehört zu einem Fünftel zur Schweiz. Sein Westufer liegt im Piemont und sein Ostufer in der Lombardei. Tiefste Stelle: 372 m.
Der Ticino mündet in der Magadinoebene im Tessin in den See und verlässt ihn in Sesto Calende. Er ist der größte seiner über 80 Zuflüsse.
Klima: Insubrische Klimazone mit milden Wintern (3–7 °C) und nicht zu hohen Temperaturen im Sommer (22–30 °C). Im Sommer gibt es heftige, kurze Gewitter, im Herbst oft wolkenbruchartige Regen.
Städte: Die größten Städte sind in der Schweiz Locarno, in der Lombardei Luino und Sesto Calende und im Piemont Verbania und Arona.

Geschichte

Rocca di Angera – Wahrzeichen von Macht und Reichtum

Stein- bis Eisenzeit	Besiedlung seit dem Neolithikum. Vom 9. bis 5. Jh. v. Chr. entwickelt sich die Golasecca-Kultur.
ab ca. 500 v. Chr.	Ligurer, Umbrer, Etrusker, später keltische Stämme, Gallier (Insubrer und Lepontiner) lassen sich in der Lombardei und dem heutigen Tessin nieder.
1. Jh. v. Chr.	Die Eroberung durch die Römer beginnt.
1. Jh. n. Chr.	Die Römer machen das Land urbar, bauen Straßen und gründen Ortschaften rund um den See, der *verbanus* genannt wurde. Angera und Locarno werden bedeutende Zentren.
4. Jh. n. Chr.	Niedergang des Römischen Reiches und Beginn der Christianisierung vor allem von Orta aus.
5.–8. Jh.	Wiederholte Einfälle von Germanenstämmen, Burgundern, Langobarden, Franken, Karolingern.
ab 11. Jh.	Während der Feudalzeit entstehen kleine *signorien* (Herrschaften). Zahlreiche romanische Kirchen werden errichtet. Im 12. Jh. Aufschwung der Wollproduktion und Blüte des Handwerks der Gerber und Färber. Holz aus den Seitentälern wird über den See und den Ticino, seit dem 13. Jh. über den Naviglio bis nach Mailand transportiert. Beginn des Marmortransports aus den Brüchen von Candoglia für den Bau des Mailänder Doms.
13. Jh.	Beginn der Visconti-Ära. Die Familie beherrscht nach langen Kämpfen gegen die Torriani Mailand.
1439	Filippo Maria Visconti tritt große Teile seiner Besitztümer an Vitaliano Borromeo ab. Auch unter den Sforza behalten die Borromeo ihre Macht.

16. Jh.	Krisenjahrhundert für Locarno, 1555 müssen die Protestanten, darunter alteingesessene Patrizierfamilien (Kaufkraft), Locarno verlassen; 30 Jahre später kommt die Pest.
Anfang 16. Jh. –1860	Fremdherrschaft erst der Spanier, dann der Österreicher; französisches Intermezzo von 1800 bis 1815, danach erneut österreichische Regierung.
17. und 18. Jh.	Wirtschaftlicher Aufschwung durch Textil-, Woll- und Baumwollverarbeitung, später durch die Entwicklung der Mechanik und Chemie.
1734/1803	Wormser Abkommen: Die westliche Seite des Sees wird den Savoyern zugesprochen, der Norden gehört seit dem 16. Jh. zur Schweizer Eidgenossenschaft. Das Tessin wird ein eigenständiger Kanton.
2. Hälfte 19. Jh.	Mit dem Bau des Sempione (Simplonstraße), der Einführung der regulären Schifffahrt und der Eisenbahn beginnt die Industrialisierung. Reger Handel vor allem in der Gegend um Intra und Laveno.
1848	Tag von Luino: Garibaldis erfolgreicher Widerstand gegen die Österreicher.
1861	Einigung Italiens.
Okt. 1925	Auf der Konferenz von Locarno treffen sich Stresemann, Chamberlain, Briand und andere Staatsmänner, um ein Frieden wahrendes Sicherheitssystem in Europa zu schaffen.
1944	Offene *resistenza* (Widerstand) in Norditalien. Partisanen gründen die Selbständige Republik von Ossola (10. Sept–22. Okt.).
1950er Jahre	In den Tälern um den See ernähren die Land- und Viehwirtschaft nur kümmerlich die Familien; erst mit dem Tourismus kommt Wohlstand. Im Tessin beginnt ein gewaltiger Bauboom, das Wirtschaftswunder bringt vor allem deutsche Käufer.
2000	Hochwasserkatastrophe am Lago Maggiore.
Frühjahr 2001	In Stresa treffen sich beim G 14-Gipfel die Staatsoberhäupter der mitteleuropäischen Länder.
Sommer 2003	Noch nie war der Wasserspiegel des Lagos und der Flüsse so tief.

Gut zu wissen

Delikatessengeschäfte bieten u. a. köstliche regionale Produkte an.

Autofahrer

Eine Fahrt am See entlang verspricht traumhafte Aussichten. Doch gerade hier, auf den zum Teil sehr schmalen Straßen am Ufer, die wunderschöne Blicke auf schneebedeckte Berge und den blau schimmernden Lago Maggiore freigeben, sollte man auf den Verkehr doppelt aufpassen: Leider verwechseln manche Autofahrer den Weg immer noch mit einer Rennstrecke.

Man sollte auch bei wenig befahrenen Straßen vor unübersichtlichen Kurven hupen.

Cafés

Je nachdem, wo sich das Lokal befindet, kann ein am Tisch servierter Kaffee das Fünffache von dem kosten, was man am Tresen bezahlen würde. Man erkundige sich vorher, um nicht unangemehme Überraschungen zu haben.

Einkaufen

In den letzten Jahren zeigen sich Bemühungen, landwirtschaftliche Produkte, die fast in Vergessenheit geraten waren, wieder einzuführen und die verlassenen Bergdörfer zu bevölkern. So gibt es heute wieder Leute, die z. B. Ziegen halten und die traditionellen Käse neben dem Kuhmilchkäse herstellen, und immer mehr Imker, die köstlichen Honig produzieren. Ein weiteres typisches Produkt der Region sind Wurstwaren, vor allem im Ossolatal. Man sollte sowohl beim Einkauf als auch in Restaurants darauf achten, hiesige Produkte zu erwerben. Lokale kulinarische Produkte: Käse (Bettelmatt aus der Val Formazza) und Wurstwaren im Ossolatal, Ziegenkäse und Honig rund um den Lago, Wein im Tessin.

Kunsthandwerk findet man in den Tessiner Tälern, Holzarbeiten im Stronatal, das sehr berühmt für seine Pinocchios ist, Töpfe und Haushaltswaren in Crusinallo bei Omegna und Keramik in Laveno.

Grenzen

Man sollte die Grenzübergänge in die Schweiz an Wochentagen zwischen 6 und 8 Uhr morgens und nach Italien zwischen 16.30 und 18.30 Uhr meiden, denn dann gerät man in die Schlangen der italienischen ›Fremdarbeiter‹. Samstags ist in Ponte Tresa Markt und dementsprechendes Gewühl und Verkehr. Die Grenze in Camedo (Centovalli) ist zwischen 0 und 5 Uhr geschlossen.

Hunde und Katzen

Hunde und Katzen brauchen für die Schweiz eine Tollwutimpfung, die nicht mehr als ein Jahr und nicht weniger als einen Monat zurückliegt, nebst einem tierärztlichen Gesundheitszeugnis.

Kleidung
Wie überall in Italien zieht man sich auch am Lago Maggiore so gut wie möglich an. »Bella figura« heißt die Devise besonders für Frauen. So hebt sich oft noch das einfachste Landmädchen mit Chic von den Touristen ab, die sich in Shorts und grellbunten T-Shirts am wohlsten fühlen.

Land und Leute
Anders als in den Großstädten Italiens ist die italienische Bevölkerung rund um den Lago Maggiore relativ homogen geblieben. Aber auch hier sieht man jetzt Einwanderer aus fernen Ländern *(excomunitari)*. Die handwerklichen und landwirtschaftlichen Traditionen sind noch überall spürbar.

Markt
Jeder Ort hat seinen Markttag. Dort gibt es nicht nur Obst, Gemüse und Nahrungsmittel, sondern einfach alles, vom kleinen Haus- und Hoftier über Stoffe, Kleider, Schuhe, Lederwaren und Geschirr bis zu Putzmitteln, Musikkasetten und Keramik. Die größten Märkte sind: Mi in Luino und Sesto Calende, Sa in Intra, Di in Laveno. Im Sommer gibt es außerdem auch verschiedene Antiquitäten- und Trödelmärkte rings um den See. **Achtung:** Vor allem der Mittwochsmarkt in Luino ist so stark besucht, dass es schier unmöglich ist, einen Parkplatz zu finden. Es empfiehlt sich, mit dem Zug oder mit einem der vielen, extra für diesen Tag zirkulierenden Schiffe zu fahren!

Montag
Achtung! Montags sind in Italien viele Sehenswürdigkeiten und Lokale geschlossen. Lebensmittelgeschäfte öffnen nur am Morgen, Supermärkte und andere Geschäfte nur am Nachmittag.

Mücken
Im Sommer können die Mücken gegen Abend zur Plage werden. Es empfiehlt sich, eine Schutzlotion mitzunehmen. Beim Zelten und draußen bewähren sich sehr Räucherspiralen, die acht Stunden lang brennen. Sie heißen unter anderem ›Vulcano‹ oder ›Spiralette‹ und sind in Supermärkten erhältlich.

Nightlife
Das Nachtleben am Lago findet im Sommer natürlich vor allem draußen statt. Es gibt ein reiches Musikangebot an Konzerten jeder Art, viele Lokale auch mit Life-Musik, aber nur wenige Diskotheken. Jedes Jahr gibt es neue Lokale, in denen auch getanzt wird, doch Besitzer und Sitten wechseln von Jahr zu Jahr. Man erkundige sich in den jeweiligen Orten.

Öffnungszeiten
Die meisten Museen und Geschäfte sind am Mo geschlossen. Ehe man weite Strecken oder einen Museumstrip rund um den See startet, sollte man sich bei der Informationsstelle seines Urlaubsortes genau erkundigen. Beachten sollte man auch, dass die Saison am Lago Maggiore Ende März beginnt und am 31. Okt. zu Ende geht. Viele Hotels und Sehenswürdigkeiten richten sich danach, d. h. sie machen außerhalb der Saison zu.

Wer Geld abheben möchte: Banken sind oft am Sa geschlossen, doch viele haben einen Bankautomaten.

Pfarrkirchen sind für gewöhnlich ganzjährig geöffnet bzw. haben keine festen Öffnungszeiten. Zur Mittagszeit, zwischen 12–14/15, sind sie aber fast immer geschlossen. Bei kleinen oder abgelegenen Gotteshäusern auf den Dörfern darf man zwecks Besichtigung beim Pfarrer klingeln.

Pflanzen
Rings um den See, aber vor allem am Ostufer gibt es viele *vivai*, in denen man Pflanzen kaufen kann. An der Grenze gibt es Listen, auf denen die zur Ausfuhr erlaubten Pflanzen aufgeführt sind.

Programminfo
Man bekommt sie natürlich immer bei den örtlichen Info-Büros. Die Tessiner Zeitung (sie erscheint dreimal wöchentlich und liegt in vielen Hotels aus) ist neben aktuellen Regio-Nachrichten randvoll mit nützlichen Adressen und Tipps, Wandervorschlägen etc. Daneben findet man Hinweise auf das italienische Kulturprogramm. Ferner informiert die monatlich erscheinende Broschüre »Lago Maggiore-Agenda« über alles, was läuft. Sie liegt in den örtlichen Verkehrsämtern im Tessin aus. Seit Sommer 2003 findet man in den ital. Lokalen auf der piemontesischen Seite des Lago die Zeitschrift »Mag«, leider nur auf Italienisch.

Reisekasse und Preise
Hochsaison ist von Ostern bis Oktober. Einige Hotels haben im Winter Sonderangebote. Selbstversorger auf Campingplätzen und Ferienhäuser können auf Märkten und in Geschäften günstig einkaufen, während ein Restaurantbesuch relativ teuer ist. Für ein komplettes Essen ohne Getränke muss man gewöhnlich mit mindestens 20/30 € rechnen.

Reisezeit und Klima
Von Frühling bis Herbst ist der Aufenthalt am Lago empfehlenswert, wobei Juli und vor allem August oft überlaufen sind. Doch auch die Wintermonate können sehr schön sein: Viele Sehenswürdigkeiten und Hotels sind allerdings ab Oktober geschlossen.

Der Lago Maggiore ist berühmt für sein mildes Klima (im Winter 3–7 °C, im Sommer 22–30 °C). Starke Niederschläge gibt es meist im Frühjahr. Die Berge im Norden halten kalte Winde und Atlantikströmungen ab; der See selbst ist im Winter ein riesiger Wärmespeicher und wirkt im Sommer wie eine Kühlanlage.

Charakteristisch sind die regelmäßigen Winde wie die Tramontana aus dem Norden oder die Inverna aus dem Süden. Segler zu Wasser und in der Luft sollten auch die lokalen Winde genau studieren, denn es kann zu plötzlichen Wetterumschwüngen kommen.

Restaurantbesuch
Man fahre bloß nicht weite Strecken, um eines der beschriebenen Lokale aufzusuchen, ohne vorher angerufen zu haben. Oft findet man dann keinen Platz mehr!

Scontrino
Den Kassenbon, ›scontrino‹ genannt, muss man immer mitnehmen, da man sonst der Guardia di Finanza, die gelegentlich vor Bars, Restaurants oder Geschäften lauert, eine Strafe zahlen muss. Das trifft nicht nur den Verkäufer, sondern auch den Käufer als Helfer bei Steuerhinterziehung.

Sicherheit
Gelegenheit macht Diebe! Man sollte auf keinen Fall Kameras oder andere Wertgegenstände im geparkten Auto liegen lassen. Auch das Autoradio sollte man möglichst ausbauen und am besten das leere Handschuhfach offen lassen. Auf Märkten und in jeglichem Gedränge sei vor Taschendieben gewarnt!

Spartipps und Ermäßigungen
Es lohnt sich, die 1- oder 2-Tageskarten für den See zu kaufen. Die Navigazio-

ne Lago Maggiore bietet auch Sonderpakete mit Eintritt auf die Inseln.

In der Schweiz gibt es einen Ferienpass bei FART (s. S. 82) für 3 Tage (46 sFr., Kinder von 6–16 23 sFr.) oder 7 Tage (66 sFr., Kinder 33 sFr.), mit dem man alle FART-Busse und die Centovallina nehmen kann und 50 % Ermäßigung bei den Postbussen der Vallemaggia und 30 % bei Seilbahnen erhält.

Es gibt Hotels, die während der Wintersaison ihre Dienste zu Sondertarifen anbieten. So kostet z.B. das Eden Roc in Ascona dann die Hälfte.

Auf www.maggiore.ch gibt es ab und zu Sonder- und Last-Minute-Angebote.

Trinkgeld

Alle Restaurant-, Hotel- und Taxi-Rechnungen sind *servizio compreso,* inklusive Service. Doch es ist üblich, ein Trinkgeld zwischen 5 und 10 % – je nach Zufriedenheit und der Höhe der Rechnung – zu geben. Bei Taxis rundet man einfach nur auf, in Restaurants lässt man die *mancia*, das Trinkgeld, auf dem Tisch liegen, nachdem man das Restgeld bekommen hat.

Verständigung

Leider beherrschen viele Italiener keine Fremdsprachen, höchstens etwas Englisch oder Französisch. Bei einem Arztbesuch beispielsweise sollte man möglichst jemanden mitnehmen, der einem sprachlich behilflich sein kann.

Wandern

Wandermöglichkeiten gibt es in allen Schwierigkeitsgraden. Man unterschätze vor allem die Val Grande nicht, in der die Wege nicht gekennzeichnet sind und man sich auf Grund der üppigen Vegetation leicht verlaufen kann. Manche Strecken sind schwierig und gefährlich mit tiefen Schluchten. Es ist sehr zu empfehlen, dort einen Bergführer zu nehmen.

Wartezeiten

Sesto Calende–Arona und die Strecke Arona–Stresa sind sehr verkehrsreich. Besonders am Wochenende muss man mit Staus rechnen. Auch beim Fährbetrieb in Intra und Laveno herrscht oft großer Andrang – man sollte es mit Gelassenheit nehmen, wenn man erst mit dem nächsten Boot wegkommt.

Gute Küche im Freien genießen – und die Aussicht gibt es gratis dazu.

Feste & Unterhaltung

»Corso fiorito« in Verbania

Feste

Rund ums Jahr werden in fast allen Dörfern Kirchweihfeste und andere religiöse Feierlichkeiten begangen. Feiern zu Ehren der Stadtpatrone oder Dorfheiligen sind stets ein willkommener Anlass, aus dem Alltag auszuscheren.

Daneben gibt es regionale Besonderheiten, wie die landwirtschaftlichen Ausstellungen in Angera, Monvalle und Luino im September, die immer von Tanz, Spielen und Gelagen begleitet werden.

Der Karneval ist sowohl im Tessin wie in Italien ein Großereignis. Beliebt sind die großen Fastnachtsumzüge am *martedì grasso.* In Orten wie Ascona gibt es dann Risotto gratis auf der Piazza. Nur in den Gebieten, die zur Mailänder Diözese gehören, setzt sich das närrische Treiben noch von Aschermittwoch bis zum folgenden Samstag fort.

Der Sommer am See ist eine Zeit der Feste. Den Auftakt zur Saison geben jeden Frühling zahlreiche Kamelienausstellungen rund um den See. Die schönsten sind in Locarno, Cannero und Pallanza zu sehen und ziehen Touristen wie auch Einheimische in Scharen an.

Dann beginnt das große und abwechslungsreiche Musikprogramm mit viel Klassik und Jazz rings um den See. Das berühmteste Musikereignis sind die Settimane Musicali in Stresa, doch auch die Settimane Musicali in Ascona, Ticino Musica und verschiedene Orgelfestivals bieten ein interessantes Programm. Die wichtigsten Jazzereignisse mit Musikern aus aller Welt sind New Orleans Jazz in Ascona und das Lago Maggiore Jazz Festival mit Konzerten am piemontesischen Ufer von Arona bis Cannobio und am Lago d'Orta.

Der Lago Maggiore bietet auch Liebhabern alter Musik Veranstaltungen an: »Il Canto delle Pietre« heißt eine Reihe mit Konzerten, die in Italien stilecht in romanischen Kirchen und mittelalterlichen Gebäuden stattfinden.

In vielen Orten gibt es ein Sommerkinoprogramm unter freiem Himmel. Man erkundige sich in den jeweiligen Orten. Ab Ende Juli krachen und glänzen rings um den See die Feuerwerke. Das größte und schönste funkelt am 15.8. in Laveno über dem See.

Das Sommerende wird am ersten oder zweiten Sonntag im September in Pallanza mit dem Corso Fiorito gefeiert, einem Umzug mit großen ›Blumenskulpturen‹ und Kapellenmusik an der Seepromenade. Die ›Skulpturen‹ aus Schnittblumen haben jedes Jahr ein Thema.

Im Herbst organisieren viele Städte »Castagnate«: ein Fest rund um die Kastanie, bei dem die geröstete Frucht aus den umliegenden Wäldern im

Mittelpunkt eines bunten Treibens steht. Im Tessin werden zu dieser Zeit auch häufig Winzerfeste gefeiert.

In der Weihnachtszeit gibt es im Tessin diverse Konzerte und Märkte, besonders schön ist der in Ascona.

Wichtigste Veranstaltungen und Events

März: Kamelien-Fest in Locarno
Mai: Antiquitätenmarkt in der Altstadt von Locarno
Ende Juli: Lago Maggiore-Jazz-Festival mit Gratiskonzerten an verschiedenen Orten von Arona bis Cannobio (s. S. 99).
Mitte Juni: in Orta ›Festival Cusiano di Musica Antica‹
Juni/Juli: New Orleans Jazz Ascona: Open-air-Konzerte mit Jazzmusik am See in Ascona, www.jazzascona.ch
Juli: Festival Umberto Giordano: Klassische Musik in Baveno (s. S. 52).
Juli: Internationales Orgelmusikfestival in der Kirche S. Carlo in Magadino (Gambarogno).
Juli: Sommernachtsfest mit großem Feuerwerk in Locarno
Ende Juli: Festival der klassischen Musik Ticino Musica in Locarno und Ascona mit Konzerten der Meisterklassen. www.ticinomusica.com
Ende Juli: CSI Internationales Springturnier in Ascona.
1. August: Am Schweizer Nationalfeiertag gibt es Feuerwerke in Ascona.
Anfang August: Internationales Filmfestival in Locarno. www.pardo.ch
August: Lagomaggioremusica; klassische Musik mit der Gioventù Musicale d'Italia
Ende Aug./Anfang Sept.: Settimane Musicali (Musikalische Wochen) in Stresa. www.settimanemusicali.net
Ende Aug bis Mitte Okt: Internationale Musikfestwochen, Settimane Musicali, in Ascona. www.settimane-musicali.ch
Dezember: Weihnachtsmärkte und Krippenausstellungen, z. B. in Vira Gambarogno. Unterwasserkrippe im Hafen von Laveno.

Le Vie del Riso

Von Juni bis November bieten die besten Restaurants der Gegend unter dem Motto ›Le Vie del Riso‹ jeweils ein Reismenü zu einem Festpreis. Es erscheint jedes Jahr eine Broschüre mit den Adressen und Daten. Info bei Associazione Giroscopio, Tel. 02 48 02 25 901.

Filmfestival in Locarno

Alljährlich im August findet das zweitälteste Filmfestival Europas in Locarno statt (s. S. 79). Verliehen werden kein Oscar und keine Goldene Palme, sondern ein Leopard. Der Wettbewerb ist vor allem dem jungen Film gewidmet; viele Beiträge werden im Originalton gezeigt. Das Internationale Filmfest ist zwar weder vergleichbar mit Venedig noch mit Cannes, aber es ist dafür ein überschaubares und vor allem spannendes Treffen für Cineasten, Produzenten und den Nachwuchs der Branche. Ein Highlight des Spektakels sind die Open-air-Vorführungen auf der Piazza Grande: 7 000 Zuschauer finden hier Platz vor der riesigen Leinwand. Während des Festivals belebt sich die Stadt und es entstehen jedes Jahr neue Treffpunkte.

Im Mai findet in der Altstadt von Locarno ein viel besuchter Antiquitätenmarkt statt.

Feiertage

Jan.: 1. capodanno; 6. epifania
Ostersonntag/Ostermontag
April: 25. liberazione (Tag der Befreiung vom Faschismus in Italien)
Mai: 1. festa del lavoro
Aug.: 15. ferragosto
Nov.: 1. ogni santi
Dez.: 8. immacolata concezione;
25. natale (Weihnachten);
26. S. Stefano

Zusätzlich im Tessin:

März: 19. S. Giuseppe
Mai/Juni: Pfingstso/mo, corpus domini;
29.6. S. Pietro e Paolo
Aug.: 1. festa federale (Nationalfeiertag)

Unterhaltung

Der Lago Maggiore ist ein sehr geeignetes Ziel für Familien und Naturfreunde. Viele ersteigen die umliegenden Berge und durchwandern die Täler und sind eher auf der Suche nach ruhigen, beschaulichen Orten.

Kultur bietet die Gegend vor allem in Form von Musik. Den Abend verbringt man im Sommer möglichst draußen. Man sitzt in einem Café auf einer Piazza oder an einem lauschigen Ort mit Seeblick. Bei Dorffesten gibt es gastronomische Stände und oft Tanz.

Jeder Saison bietet etwas Neues. Man lässt sich was einfallen, mal wird ein Schiff zur Disko umfunktioniert, mal ein alter Park. Da tanzt man dann bei Kerzenschein unter großen Bäumen. Das muss jeder für sich jedes Jahr neu erkunden und entdecken. Die Informationsbüros geben gerne Auskunft.

Diskotheken gibt es in den nächsten großen Orten (Mailand, Lugano). Richtige Diskotheken am See gibt es nur in Arona und in Locarno.

Teatro Dimitri

Das Teatro Dimitri in Verscio im Tessin ist einen Besuch wert! Am lohnendsten ist es natürlich, wenn der berühmte Clown und Pantomime Dimitri selbst auftritt.

Land, Wasser und Berge bieten allein schon ein Allround-Programm für Kinder aller Altersstufen. Im Sommer ist natürlich der Lago die größte Attraktion. Auch der kleine Lago di Monate, der früh warm wird, wenn der Lago Maggiore noch eisig ist, ist vor allem in Cadrezzate lange flach und geeignet, um im Wasser zu toben. Nur im August schwappt er über vor Menschen und ist dann auch zu warm.

Tipp: Mit dem Boot von Arona nach Angera

Lange Bootsfahrten können für Kinder langweilig sein, doch die Überfahrt von Arona nach Angera dauert nur 10 Minuten und mit Blick und Vorfreude auf die Burg ist das ein lohnender Ausflug. Eine der Hauptfreuden eines Italienaufenthalts, ein gutes Eis, lockt allerorts.

Museen für Kinder

Unter den Museen sind vor allem das Puppen- und Spielzeugmuseum in der Rocca von Angera (s. S. 40 u. 113), der Palazzo Borromeo mit Puppen und Marionetten auf der Isola Madre sowie das Verkehrsmuseum in Ranco (s. S. 95 und 113) empfehlenswert. Signor Ogliari, der Gründer dieses Museo Europeo dei Trasporti, lässt am Sonntagnachmittag höchstpersönlich zur Freude von Groß und Klein seine riesige Modelleisenbahn kreisen.

Freude an Tieren

Im Park der Villa Pallavicino in Stresa gibt es Lamas und Ziegen zum Streicheln (s. S. 98 u. 110). Im Parco Faunisitico la Torbiera in Arona (s. S. 45) sieht man vorwiegend einheimische Tiere in ihrem natürlichen Lebensraum. Etwas weiter gibt es auch einen Safari-Park in Varallo Pombia (an der Straße zw. Arona und Novara). In Bussen fährt man durch die Gehege.

Radtouren mit Kindern

Leider sind Italiens Straßen nicht ungefährlich für Radfahrer, und Radwege sind rar. Eine Ausnahme bietet die Straße von Sesto Calende nach Somma Lombardo am Ticino entlang und ein Radweg rings um den Lago di Varese.

Bergtouren mit Kindern

Im Winter bieten die nahen Berge Mottarone und Cardada Cimetta leichte Pisten, im Sommer mit der Seilbahn leicht zu erreichende Ziele. Auch der Sasso Ferro oberhalb von Laveno ist ein schöner Ausflug. Man fährt in gelben ›Töpfen‹ den Berg hoch und kann dann entscheiden, ob man in ca. zwei Stunden herunterläuft (auf halber Strecke kann man bei »Gigliola« einkehren) oder ob man sich wieder ›eintopfen‹ lässt.

Auch ein Restaurantbesuch ist v. a. im kinderfreundlichen Italien kein Problem, denn gewöhnlich haben alle Verständnis für kleine, laute Gäste, die es nicht lange auf einem Stuhl aushalten.

Wen heißer Schokoladenhunger befällt, kann von Luino über Ponte Tresa nach Caslano ca. 3 km hinter der Schweizer Grenze fahren und dort in der Schokoladenfabrik mit Museum Alprose alles über den Kakao erfahren und kosten. Via Rompada, 3, Mo–Fr 9–18, Sa und So–17 Uhr. www.alprose.ch

Nützliche Broschüre

Im Fremdenverkehrsamt von Locarno ist eine Broschüre mit dem Titel »Freizeitideen für Familien mit Kindern in Locarno und Umgebung« erhältlich, die zahlreiche gute Tipps zur Freizeitgestaltung bereithält.

Übernachten

Das Grand Hotel des Iles Borromées in Stresa

Unterkunftkataloge

Rings um den Lago Maggiore gibt es zahlreiche Unterkunftsmöglichkeiten unterschiedlichster Preisklassen. Jedes Jahr erscheinen ausführliche Hotelkataloge mit zusätzlichen Listen verfügbarer Ferienwohnungen, Campingplätze etc., die man vor Reiseantritt bei den Fremdenverkehrsbüros in Deutschland, Österreich und der Schweiz kostenlos anfordern kann.

Am piemontesischen Ufer, der *sponda grassa*, und im Tessin ist das Angebot an Unterkünften viel größer, breiter gefächert und generell besser als auf der lombardischen Seite des Sees. Aber auch dort stehen viele Betten und auch einige gute Adressen den Besuchern zur Verfügung.

Hotels

Am Lago Maggiore findet man Hotels in allen Preislagen. Man kann im Tessin und im Piemont in fürstlichem Ambiente residieren oder in einfachen Familienpensionen. Generell ist das Preisniveau eher hoch. Trotz der vielen Hotelbetten muss man im Sommer im Voraus ein Zimmer reservieren, da man sonst riskiert keins zu finden. Außerhalb der Hochsaison gibt es eigentlich keine Probleme. Im Winter sind allerdings viele Hotels geschlossen.

Preisangaben in diesem Buch

Die angegebenen Hotelpreise beziehen sich auf ein Doppelzimmer in der Hauptsaison, die am Lago meist von Ostern bis Oktober reicht. Wo zwei Preise angegeben sind, gibt es entweder verschiedene Zimmertypologien (wie Sicht auf den See, mit oder ohne Balkon, Größe usw.) oder es ist ein Mindest- und ein Höchstpreis, je nach Saison.

Preisniveau

Der Lago Maggiore war und ist vor allem im Sommer ein beliebtes Reiseziel – und das macht sich nicht zuletzt in den Übernachtungskosten bemerkbar. Das Preisniveau ist, wie in vielen touristischen Regionen Italiens, in den letzten Jahren merklich gestiegen. Generell gilt: Seeblick hat seinen Preis! Zimmer, die zum See hinaus liegen, kosten teilweise deutlich mehr als solche, die zum Garten oder zum Berghang hinaus liegen. Und: Man wohnt generell billiger in Orten im Hinterland des Sees, was auch oft bedeutet, dass man höher liegt und aus diesem Grund dennoch großartige Ausblicke vom Hotel oder der Pension aus auf den Lago Maggiore genießen kann.

Im Winter bieten einige Hotels ihre Zimmer zum halben Preis an, wie z. B. das Luxushotel Eden Roc in Ascona.

Camping

Es gibt einige sehr gut ausgestattete Campingplätze am Lago Maggiore. Im Tessin findet man die meisten Freiluft-Unterkünfte in der Tenero-Gegend am Mündungsdelta des Ticino und der Verzasca. Dort sind auch große Strände, die zum Baden einladen.

Auf der oberitalienischen Seite campt man gut in Cannobio, bei Feriolo und Fondotoce. Hier sind weite Strände, Wiesen und Grillplätze. Die einzigen Dreisternecampingplätze auf der piemontesischen Seite befinden sich allerdings im Süden des Sees in der Region südlich von Arona bis Castelletto Ticino. Auch am Ostufer gibt es diverse Zeltplätze. Beliebt sind vor allem die in Maccagno, das auch einen Dreisternecampingplatz bietet. Die Campingplätze auf italienischer Seite vermieten teilweise auch Bungalows oder Wohnwagen, ein Komfort, auf den man vor allem in der kälteren und regenreicheren Jahreszeit gerne zurückgreift.

Ferienhäuser und -wohnungen

Das Angebot an Apartments und zum Teil hübschen Häuschen, nicht nur in Ferienzentren, sondern auch in landestypischen Dörfern, ist groß. Beliebt sind im Tessin die *rustici*, die alten Steinhäuser. Ferienhäuser sind vor allem für Familien eine günstigere Lösung als ein Hotelaufenthalt. Die Fremdenverkehrsämter haben Broschüren und geben Auskunft über das Angebot.

Auch über Internet kann man Ferienhäuser finden, z. B. bei **www.ferienwo. com**. Unter dieser Adresse kann man auch zwei Hausboote auf dem Lago Maggiore anmiten. Klickt man auf der Web-Site auf Trekking, so findet man ein interessantes Angebot an einwöchigen Wanderungen mit einem erfahrene Bergführer aus dem Tessin.

Bed and Breakfast

Diese Form der Aufnahme von Gästen erfährt in ganz Italien zurzeit großen Aufschwung und erfreut sich wachsender Beliebtheit, auch wenn B&B nicht unbedingt billiger sind als Hotels und Pensionen.

Informationen erhält man auch hier bei den jeweiligen Fremdenverkehrsämtern, die Broschüren mit entsprechenden Adressen bereithalten.

Agriturismo

Das kann man in Italien nicht einfach mit ›Ferien auf dem Bauernhof‹ übersetzen, denn der Begriff kann vieles bedeuten. Es gibt Höfe, die offerieren nur Übernachtungsmöglichkeiten, andere empfangen nur zu den Mahlzeiten Gäste. Viele »Agriturismo«-Bauern verkaufen auch einfach nur ihre landwirtschaftlichen Produkte. Das Angebot ist also breit gefächert.

In Buchhandlungen sind detaillierte Bände mit Fotos, Adressen und ausführlichen Beschreibungen der jeweiligen Angebote der Höfe erhältlich. Auch hier helfen natürlich die Fremdenverkehrsämter.

Jugendherbergen

Mit Jugendherbergen sieht es am Lago Maggiore leider nicht so gut aus. Auf der italienischen Seite gibt es nur in Pallanza eine Jugendherberge, während das Tessin einige mehr bietet, so z. B. das Palagiovani in Locarno oder den Ostello La Genziani in Indemini in der Val Vedasca (s. S. 62).

Essen & Trinken

Risotto-Kochen beim Faschingsfest in Ascona

Die oberitalienische Küche

Am zweitgrößten See Italiens ist auch die Esskultur so reich an Unterschieden wie seine drei Randregionen. Am piemontesischen Westufer spürt man den raffinierten Einfluss der französischen Küche, während am lombardischen Ostufer eher deftig gespeist wird. Im Tessin wiederum wirkt sowohl italienischer als auch schweizerischer Einfluss. Die gehobenen Restaurants bieten internationale Gerichte.

Die oberitalienische Küche ist im Gegensatz zur süditalienischen, in der viel mit Olivenöl gekocht wird, eine Butter- und Sahneküche. Die Ufergebiete teilen die Liebe zum Fisch – vor allem aus ihrem Lago. Viel verwendet werden die Kastanien aus den umliegenden Wäldern. Dieses ›Brot der Armen‹ wurde früher in Trockenhäusern gedörrt. Heute zaubert man aus den eigenwilligen Früchten köstliche Gerichte und Süßspeisen wie *gnocchi di castagne, marrons glacés* und den mit Sahne bedeckten *monte bianco,* eine ungeheure, köstliche Kalorienbombe.

Maismehl ist eine der Grundzutaten der hiesigen Küche. Aus ihm wird duftendes Brot gebacken oder Polenta gekocht, eine im Winter sehr beliebte Sättigungsbeilage zu Wild- und Fleischgerichten. Manche genießen Polenta fast pur mit Käse und Butter. Wichtig sind auch Pilze, vor allem Steinpilze, die man im Herbst auf allen Speisekarten findet, sowie Wild. In den letzten fünfzehn Jahren hat vor allem das Schwarzwild so zugenommen, dass Wildschweine in manchen Gegenden zu einem echten Problem werden und daher oft auf der Speisekarte landen.

Ansonsten geht nichts ohne Reis, die wichtigste Getreideart, die in der Potiefebene in der Lombardei und dem Piemont angebaut wird und aus der die unterschiedlichsten *risotti* entstehen. Selbst im Tessin isst man zu Karneval traditionell den safrangelben *risotto alla milanese.* Unter dem Motto »Riso e Lago« bieten von Okt.–Nov. viele Restaurants ein spezielles Reismenü zum Sondertarif an (Tel. 03 32 66 80 10).

Aus den Bergdörfern kommen delikate, oft in Öl eingelegte Ziegenmilchkäse *(formaggini).* Vor allem aus den Blüten der Akazien, Linden und Kastanienbäume destillieren Bienen und Imker einen aromatischen, wohlschmeckenden Honig.

Tessiner Grotti

Im Tessin erfreuen sich die *grotti* eines regen Zulaufs: Ursprünglich waren das in den Fels gegrabene Keller, die man im 19. Jh. in Wirtshäuser verwandelt hat. Im Sommer speist man im Freien an Steintischen unter großen, Schatten spendenden Bäumen, Glizinien- oder Weinpergolas, in den Wintermonaten gemütlich am Kamin.

In den *grotti* gibt traditionelle Tessiner Speisen: Käse, Salami, Brot, Polenta, Fleisch und im Herbst Pilze, dazu ein Glas Wein aus der Region (Merlot) oder dem Piemont, und die kulinarische Welt ist in Ordnung.

Man bekommt im Tessiner Fremdenverkehrsbüro einen kleinen nützlichen Führer mit den Adressen vieler *grotti*.

Essen gehen

In der Regel sind die Restaurantküchen 12–14 und 19.30–22 Uhr geöffnet. In der Sommersaison werden häufig Ausnahmen gemacht; dann bieten viele Betriebe ihren Gästen bis spät in die Nacht noch eine warme Mahlzeit. Wer nur Pasta bestellt, gilt als kulinarisches Greenhorn – Nudeln sind in Italien nur ein Zwischengang. Man wundere sich nicht über »pane e coperto« auf der Rechnung. In Italien zahlt man Brot und Gedeck immer extra, egal, ob und wie viel Brot man isst. Bei Bedarf wird es nachgeliefert.

Die angebenen Preise sind Durchschnittspreise eines dreigängiges Menüs (*antipasto* oder *primo, secondo* und *dolce*) pro Person ohne Getränke.

Italiener investieren Geld und Zeit in ihr Essen. Imbisswagen und Fastfood sieht man nur selten, aber in vielen Bars werden Kleinigkeiten angeboten, z. B: kunstvoll zubereitete *panini,* reich belegte Brötchen. Fast jeder Ort hat seinen *circolo,* ein einfaches Lokal, in dem die Männer des Dorfes bei einem Glas Wein und Karten zusammensitzen oder draußen Boccia spielen. Dort kann man meist auch einfach, gut und preiswert essen. Italienische bzw. schweizerische Spitzenküche hingegen hat ihren Preis.

Wein

Die großen piemontesischen Weine kommen aus den Langhe und dem Monferrat, doch es wird fast überall im Piemont Wein angebaut und gekeltert.

Der dem Lago nächstliegende Weinort ist Ghemme, etwa 20 km südwestlich von Arona. Auch im Tessin gibt es gute Weine. Hier wird vor allem Merlot gekeltert, aber auch Weißweine. Man kann verschiedene Keller besichtigen, wie z. B. Delea in Losone in der Via Zandone, 11. Von außen wirkt der Keller enttäuschend, doch wenn man eintritt, das kleine Museum besichtigt und Weindunst riecht und schmeckt, vergisst man die umliegende, nüchterne Industriegegend. Auch im Tessin wird Dank der wachsenden ökologischen Kenntnisse die Qualität der Weine immer besser.

Der einfache Hauswein heißt *vino della casa* oder *vino sfuso* und ist oft verblüffend gut.

Italienische Mahlzeiten

Im Gegensatz zu Deutschland ist in Italien das *prima colazione*, das Frühstück, immer noch keine Mahlzeit. Viele trinken morgens nur einen Kaffee (espresso, versteht sich) oder einen Capuccino (Kaffee mit aufgeschäumter Milch), manche essen dazu Kekse oder eine *brioche* oder ein *cornetto* in einer Bar. Falls man nicht in einem Hotel oder einer Pension wohnt, die ein reicheres Frühstücksbuffett bieten, sollte man lieber auch in die nächste Bar gehen, denn das ›normale‹ Hotelfrühstück ist für einen Germanen eher dünn.

Mittags wird es üppiger mit einem *primo* und/oder *secondo* (*piatto del giorno* ist ein Tagesgericht). Jedoch richtig zugelegt wird erst am Abend mit Vor- und Nachspeise. Dazu trinkt man Wein und/ oder Mineralwasser.

prima colazione Frühstück
brioche/cornetto Croissant
cappuccino Kaffee mit geschäumter Milch
latte Milch
burro Butter
miele Honig
marmellata Marmelade
fette biscottate Zwieback
formaggio Käse
pane/panino Brot/Brötchen
prosciutto Schinken
succo Saft
uovo Ei

antipasto Vorspeise
antipasto misto gemischter Vorspeisen-Teller
bresaola Trockenfleisch aus dem Veltlin, ähnelt dem Bündner Fleisch
bruschetta mit Öl und Knoblauch geröstete und mit Tomatenstückchen belegte Brotscheibe
carpione in Essigmarinade eingelegt
crostini geröstete Brotscheiben mit Aufstrich
insalata mista gemischter Salat
zuppa Suppe
salumi Aufschnitt
sottaceti in Essig eingelegte Gemüse
sottolio in Öl eingelegte Gemüse

primo Erster Gang
brodo Brühe
carpacclo dünn geschnittenes, rohes Rindfleisch mit Parmesanstückchen und oft auch Rucola
gnocchi aus Kartoffeln oder Gries und Mehl geformte Klößchen, die in vielen Variationen serviert werden
fatto in casa hausgemacht
minestra Suppe
minestrone Gemüsesuppe
lasagne überbackene Pasta mit Fleischragu und Béshamel
pasta fresca frische Eierteignudeln in vielen Variationen
tagliatella Bandnudeln
pesto Basilikumsoße zu *pasta* oder *gnocchi*
polenta Maisbrei
risotto Reisgericht mit cremigem Reis
vitello tonnato kaltes Kalbsfleisch mit Thunfisch-Mayonnaisesauce

secondo Hauptgericht mit Fisch oder Fleisch
agnello Lamm
ai ferri vom Grill
al forno im Ofen gebacken
alborelle fritte Sardinen, frittiert
anguilla Aal
arrosto Braten
bistecca Steak
bovino Rind
brasato Schmorbraten
cacciatora, alla nach Jägerart
capretto Zicklein
carne Fleisch
carpa Karpfen
cassoela Schweinefleisch mit Wirsing
carne di cavallo Pferdefleisch
cinghiale Wildschwein
coniglio Kaninchen
cotoletta alla milanese Wiener Schnitzel
cozze Miesmuscheln
fegato Leber
frutti di mare Meeresfrüchte
lavarello Felchen
maiale Schwein
manzo Rind
orata Goldbrasse

ostriche Austern
pesce Fisch
pesce di lago / mare Fisch aus dem See / Meer
pesce spada Schwertfisch
pollo Huhn
ossobuco Kalbshaxenscheibe mit Markknochen
polpette Frikadellen
salmone Lachs
sogliola Seezunge
spezzatino eine Art Gulasch mit Gemüse (Kartoffeln, Erbsen ...)
trota Forelle
umido, in geschmort
vitello Kalb

verdura Gemüse

asparagi Spargel
bietole Mangold
carciofi Artischocken
cavolfiore Blumenkohl
cipolle Zwiebeln
fagioli Bohnenkerne
fagiolini grüne Bohnen
funghi Pilze
granturco Mais
indivia Endivie
lattuga (grüner) Salat
lenticchie Linsen
melanzane Auberginen
patate Kartoffeln
peperoni Paprika
peperoncino getrockneter Chili
piselli Erbsen
pomodori Tomaten
porcini Steinpilze
zucca Kürbis
zucchine Zucchini

frutta & dolce Obst & Nachtisch

albicocche Aprikosen
amarene Sauerkirschen
anguria Wassermelone
arance Orangen
castagne Esskastanien, Maronen
ciliege Kirschen
crostata Obsttorte
fichi Feigen
fragole Erdbeeren
frutti di bosco Waldbeeren
gelato Eis
lamponi Himbeeren
limoni Zitronen
maccedonia Obstsalat
mandorle Mandeln
mele Äpfel
mora Brombeere
nocciole Haselnüsse
noci Walnüsse
pera Birne
pesca Pfirsich
torta Kuchen
uva Trauben

bevande Getränke

acqua gassata Mineralwasser mit Kohlensäure
acqua minerale Mineralwasser
amaro Magenbitter
caffè/espresso Espresso
caffè latte Espresso mit viel heißer Milch
caffè lungo Espresso, mit heißem Wasser gestreckt
caffè macchiato Espresso mit etwas Milch
cappuccino Michkaffee
espresso corretto Espresso mit Grappa
grappa Tresterschnaps
latte macchiato heiße Milch mit einem Schuss Epresso
succo di mela Apfelsaft
succo di arancia Orangensaft
vino bianco Weißwein
vino rosso Rotwein

Golf des Iles Borromées

Aktivurlaub

Wer Sport treiben möchte, kann am und um den Lago fast alles finden, was ein Sportlerherz begehrt. Im Sommer bieten sich natürlich vor allem Wassersportarten wie Baden, Surfen, Segeln oder Rudern an.

Golfbegeisterte finden eine große Auswahl an wunderschön gelegenen Plätzen rings um den See und in unmittelbarer Nähe.

Die umliegenden Berge rufen zu Wanderungen in allen Schwierigkeitsgraden, bieten Drachen- und Gleitschirmfliegern gute Startrampen und im Winter Skipisten in schöner Landschaft mit Blick auf die Seen, in Bosco Gurin hinter Locarno auch für etwas anspruchsvollere Skifahrer.

Auch Bungee-Jumping und Klettern sind möglich.

Angeln

Angeln kann man im See und den Flüssen der Seitentäler. Lizenzen stellt im Tessin der örtliche Fremdenverkehrsverein aus.

In Italien erhalten Sie eine Angelerlaubnis von der FIPS (Federazione Italiana della Pesca Sportiva) in Varese, Tel. 03 32 31 26 20. Für das piemontesische Ufer muss man ein langes Formular ausfüllen und bekommt dann eine Lizenz (ca. 20 €). Man erkundige sich an den Infostellen für Touristen.

Baden

Baden ist zwar rings um den See möglich, doch ist das Seeufer oft durch die vielen Privatgrundstücke nicht zugänglich. An manchen Stellen der Ostküste ist Baden verboten, zum Teil aus Sicherheitsgründen, da der See gleich tief wird, manchmal an Stellen, wo die Wasserqualität zu wünschen lässt. Die schönsten Badestellen sind an der nördlichen Seehälfte, Sandstrände sind bei Tenero im Tessin, auf lombardischer Seite bei Monvalle und auf der piemontesischen bei Cannobio und Fondotoce.

Öffentliche Strände sind am lombardischen Ufer mit braun-weißen Schildern markiert. Außerdem gibt es hoteleigene Strände. Nicht ganz ungefährlich, wenn auch an heißen Tagen ungeheuer verlockend, sind die Flüsse in den Tessiner Seitentälern. Die Gneisfelsen der Verzasca und die Sand- und Schuttbänke der Maggia ziehen Scharen von Sonnenhungrigen und Wasserlüstigen an. Man sollte sich bei Einheimischen nach sicheren Stellen erkundigen!

Biking

Radsport ist in Italien sehr beliebt. Vor allem an Wochenenden sieht man viele Rennfahrer auch auf den stark befahrenen Straßen. Radwege sind leider rar. Die Tessiner Flusstäler und die Straße am Ticino im Süden von Sesto Calende sowie ein (noch nicht ganz fertiger) Radrundweg um den Lago di Varese bieten sich für gemächliche Fahrten, die vielen Berge für anspruchsvolle Mountainbikefahrer an. In Camedo, Locarno und Tenero kann man Räder am Bahnhof mieten, darüber hinaus bei vielen Fachhändlern (s. Cannobio S. 55, Laveno S. 72, Locarno S. 78, Stresa S. 99).

Boccia

Ein sehr beliebtes Spiel, vor allem bei älteren Männern. Früher hatte jedes Dorf seine Bahn, heute nur noch einige *circoli* (Dorfwirtshäuser). Wer freundlich bittet, darf vielleicht mit den Dorf-Champions spielen.

Bungee-Jumping

Im Tessin kann man sich entweder von der 72 m hohen Centovalli-Eisenbahnbrücke in Intragna (125 sFr./Sprung) oder von der 220 m hohen Staumauer der Verzasca bei Locarno hinabstürzen. (Tel. 091/780 78 00, 255 sFr./Sprung, Studenten und unter 18 Jahre 185 sFr.; s. auch Trekking-Team AG S. 78 und FART S. 82).

Canyoning

Auch mit dem Trekking-Team vom Pila nach Intragna **www.trekking.ch.** Wenn man es mit einem Bungee-Sprung von der Centovallibrücke verbindet, kostet beides 195 sFr.

Drachenfliegen Gleit-/Fallschirm

Die Berge rings um den See bieten ideale Sprungrampen für ›Ikarusse‹. Vom Sasso Ferro aus (s. S. 72) kann man sanft hinuntergleiten oder auch vom Monte Nudo. Landung auf dem Feld von »Icaro« (Via Mulino, Laveno, Tel. 03 32 62 62 12). Tagesgebühr 4 €, Jahresmitgliedschaft 10 €, Passagierflüge im Doppelgleitschirm 60 €.

Der Busdienst auf den Monte Nudo kostet 6 €. Im Sommer tägl., im Winter nur Sa und So. Informationen gibt es bei »Icaro« in Sangiano, Via Verdi, 19, Tel. 03 32 64 83 35.

Fallschirmspringen kann man in der Magadinoebene beim Paracentro c/o Aeroporto Cantonale Locarno, Tel. 091/745 26 51, Fax 745 38 24.

Golf

Rings um den See gibt es ein vielfältiges Angebot an Golplätzen, und einer ist schöner als der andere, sodass die Auswahl schwer fällt. Die Adressen der aufgeführten Plätze finden sich im Kapitel Orte von A bis Z unter der Kategorie »Sport & Strände«

Agrate Conturbia (siehe Arona):
Golf Club Castelconturbia,
27-Loch-Parcours.

Ascona:
Golf Club Patriziale,
18-Loch-Parcours,
ganzjährig geöffnet.
Golf Gerre Losone,
18-Loch-Parcours,
ganzjährig geöffnet.

Locarno:
Golf Target Locarno
18-Loch-Parcours,
ganzjährig geöffnet.

Motta Rossa / Brovello Carpugnino (siehe Stresa):
Golf des Iles Borromées,
18-Loch-Parcours.

Premeno (siehe Verbania):
Golf Piandisole
9-Loch Parcour.

Travedona Monate (siehe Ispra)
Golf dei Laghi
18-Loch-Parcours

Verbania
Golf & Sporting Club in Fondotoce,
9-Loch-Parcours im Tocedelta.
Okt–Mai 10–17, April–Sept 9.30–19 Uhr, Mi geschl.

Vezzo (siehe Stresa):
Club Alpino di Stresa,
9-Loch-Parcours,
April–Nov. geöffnet.

Inlineskaten

In Pallanza gibt es in der Nähe des Krankenhauses einen Skaterpark. Gut kann man auch am Ufer des Ticino ab Sesto Calende skaten. Aber Achtung: Auf dieser Strecke sind auch Radfahrer unterwegs!

Klettern

Unter Insidern ist vor allem der Felsen bei Ponte Brolla am Eingang zur Valle Maggia ein beliebtes Kletterziel. Auch in Avegno sind Klettermöglichkeiten. Von den Kletterwänden in Berzona in der Valle Onsernone ist der Blick auf den Lago besonders schön.

In Italien bieten Malesco in der Val Vigezzo und Maccagno (s. S. 87) einen Klettergarten.

Segeln, Surfen & Kitesurfen

Informationen über Segelschulen halten die örtlichen Verkehrsvereine bereit. Tipp: Segelclub Top Vela in Laveno. Hier werden neben Bootsvermietung auch Kurse für Kinder und Erwachsene geboten (s. Laveno, S. 72).

Surfen kann man vor allem im nördlichen Bereich des Lago Maggiore, wo immer ein Wind bläst. Beliebt sind Maccagno und Pino auf der lombardischen Seite und Cannobio auf der piemontesischen Seite.

Skifahren

Skifahren mit Blick auf Segelboote und Palmen! Der Mottarone, Stresas Hausberg, ist per Seilbahn oder Auto in 30 Min. erreichbar.

Die Alpe di Neggia, ein kleiner Pass zwischen Vira Gambarogno und Indemini, bietet zwei kleine Lifte. Von Locarno fährt man am besten auf den Cardada Cimetta (s. S. 78). Diese Hänge liegen in einer herrlichen Naturkulisse, sind alle nicht sehr hoch und daher vor allem für Kinder und nicht zu anspruchsvolle Skiläufer geeignet.

Für anspruchsvollere Skiläufer bieten sich die Pisten im Tessiner Walserort Bosco Gurin (s. S. 83).

Tennis

In den meisten größeren Gemeiden gibt es Sand- und Hallenplätze sowie auch in vielen Hotels.

Wandern

Die Wandermöglichkeiten rings um den See sind vielfältig. Das Angebot reicht von gut markierten, leichten Wegen bis zu recht schwierigen, schlecht gekennzeichneten Strecken, die gute Karten, Erfahrung und Kondition erfordern. Auskunft geben die Verkehrsämter oder Verbände des CAI (Italienischer Alpin Club, Arona: Tel. 03 22 48 00 80).

Vorsicht ist selbst bei harmlos erscheinenden Touren geboten: Nie ohne gute Karten, festes Schuhwerk, Regenschutz, Wasser und ausreichend Proviant starten (s. auch S. 17) Der CAI hat jüngst eine Karte mit Wegbeschreibungen für Wanderungen auf der piemontesischen Seite herausgegeben, die für 8 € bei den Fremdenverkehrsbüros erhältlich ist.

Der Lago Maggiore ist in den Sommermonaten der ideale Ort für Wassersportarten aller Art. Beschaulich kann man den Tag mit Angeln auf dem See verbringen.

Der Tessiner Bergführer Gianguido Giuliani organisiert Touren für mindestens 5 bis 6 Personen, die eine Woche dauern und je nach Jahreszeit unterschiedliche Themen haben.

Panoramablick vom Mottarone

Man sollte auf jeden Fall an einem Tag mit Klarsicht auf einen der Berge steigen oder fahren. Leicht zu erreichen ist der von unten unscheinbare Mottarone per Auto oder Seilbahn (s. S. 100), das letzte Stückchen geht man zu Fuß und wird oben mit einem großartigen Blick auf den Lago Maggiore, die Seen in der Provinz von Varese, den Lago d'Orta und die Alpenkulisse mit dem Monte Rosa belohnt.

Wellness & Fitness

Der Lago Maggiore selbst sowie seine Umgebung bieten so viele Möglichkeiten des Sports an der frischen Luft, dass das Bedürfnis nach Wellnesscentern noch kaum entstanden ist.

Nur die großen Luxushotels wie z. B. das »Iles des Borromée« in Stresa mit seinem www.centrobenessere.com, das »Eden Roc« und »Hotel Albergo Giardino« in Ascona und »Esplanade« in Locarno bieten bisher Kuren und auch differenzierte Wellnessprogramme. Das Angebot dürfte sich im Namen des globalen Wellnessbedürfnis wohl bald erweitern.

Sprachführer

Allgemeines

Guten Tag	Buon giorno
Guten Abend	Buona sera
Auf Wiedersehen	Arrivederci
Hallo	Ciao
Wie geht's?	Come va?
Danke, gut.	Bene, grazie.
bitte/danke	prego/grazie
Entschuldigung	Scusai
Ich heiße …	Mi chiamo …
Wo ist…?	Dov'è…?
Wann?	Quando?

Zeit

Montag	lunedì
Dienstag	martedì
Mittwoch	mercoledì
Donnerstag	giovedì
Freitag	venerdì
Samstag	sabato
Sonntag	domenica
Feiertag	giorno festivo
Minute	minuto
Stunde	ora
Tag	giorno
Woche	semana
Monat	mese
Jahr	anno
heute	oggi
gestern	ieri
morgen	domani
morgens	di mattina
mittags	di mezzogiorno
nachmittags	di pomeriggio
abends	di sera
vor/nach	prima di/dopo
früh/spät	presto/tardi

Notfall

Hilfe!	Aiuto!
Polizei	polizia
Arzt	medico
Unfall	incidente
Panne	guasto

Unterwegs

Haltestelle	fermata
Bus	autobus/pullman
Bahnhof	stazione
Fahrkarte	biglietto
Flughafen	aeroporto
Ausfahrt	l'uscita
links/rechts	a destra/a sinistra
geradeaus	diretto
hier/dort	qui/qua
Stadtplan	carta della città
Auskunft	informazione
Vorsicht	attenzione
Bank	banca
Telefon	telefono
Telefonkarte	scheda telefonica
Postamt	ufficio postale
Briefmarken	francobolli
geöffnet	aperto
geschlossen	chiuso

Einkaufen

kaufen	comprare
Geschäft	negozio
Markt	mercato
bar	in contanti
Geld	soldi
Kreditkarte	carta di credito
Geldautomat	bancomat
teuer	caro
billig	economico
Wie viel?	Quanto?

Im Hotel

Zimmer	camera
Einzelzimmer	camera singola
(mit/ohne) Bad	(con/senza) bagno
Dusche	doccia
Doppelzimmer	camera doppia
Schlüssel	chiavi
Handtuch	asciugamani
Aufzug	ascensore
Gepäck	bagaglio
Pass	passaporto

Ausweis	carta d'identità	Glas	bicchiere
Quittung	ricevuta	Serviette	tovagliolo
Empfang	recezione	Speisekarte	menù
wecken	svegliare	Weinkarte	lista dei vini
Preis	prezzo	Vorspeise	antipasti
Rechnung	conto	Hauptgericht	piatto principale
Name	nome	Tagesgericht	il menù del giorno
Vorname	nome di battesimo	Nachspeise	dessert
ankommen	arrivare	Rechnung	fattura/conto
abreisen	partare	vegetarisch	vegetariano
Auto	macchina	Getränk	bevanda
Parkplatz	parcheggio	halber Liter	mezzo litro
Zelt	tenda	Wasser	acqua
Wohnwagen	roulotte	mit Kohlensäure	gassata

Im Restaurant

Frühstück	collazione
Mittagessen	pranzo
Abendessen	cena
Zwischenmahlzeit	merende
essen	mangiare
trinken	bere
Tisch	tavolo
reservieren	prenotare
Messer	coltello
Gabel	forchetta
Löffel	cucchiaio
Teelöffel	cucchiaino
Teller	piatto
Flasche	bottiglia

1	uno	16	sedici
2	due	17	diciassette
3	tre	18	diciotto
4	quattro	19	diciannove
5	cinque	20	venti
6	sei	30	trenta
7	sette	40	quaranta
8	otto	50	cinquanta
9	nove	60	sessanta
10	dieci	70	settanta
11	undici	80	ottanta
12	dodici	90	novanta
13	tredici	100	cento
14	quattordici	200	duecento
15	quindici	1000	mille

Die wichtigsten Sätze

Wie komme ich nach ...?	Come arrivo a ...?
Wie viel kostet das?	Quanto costa ...?
Wo finde ich ...?	Dove trovo ...?
Ich möchte bitte ...	Vorrei ... per favore.
Wann öffnet/schließt ...?	Quando apre/chiude ...?
Haben Sie ein freies Zimmer?	Ha una camera libera
Sprechen Sie deutsch/englisch?	Parla tedesco/inglese?
Wo kann ich den Wagen parken?	Dove posso parcheggiare?
Können Sie mir helfen?	Può aiutarmi?
Lassen Sie mich in Ruhe!	Lasciami in pace!

Auskunft

... in Deutschland
Kaiserstr. 65, 60329 Frankfurt/M., Tel. 069/23 74 34, Fax 069/23 28 94, Servicenummer: 0190 70 64 40
E-Mail: enit.ffm@t-online.de

... in Österreich
Kärntnerring 4, 1010 Wien, Tel. 01/5 05 16 30, Fax 01/5 05 02 48, Servicenummer: 0900/97 02 28
E-Mail: enit-wien@aon.at

... in der Schweiz
Uraniastr. 32, 8001 Zürich, Tel. 01/2 11 30 31, Fax 01/2 11 38 85
Servicenummer: 157 51 79
E-Mail: enit@bluewin.ch

Schweiz Tourismus

…im Internet:
www.schweizferien.ch

... in Deutschland
Kaiserstr. 23, 60311 Frankfurt/M., Tel. 069/2 56 00 10, Fax 069/25 60 01 10,
E-Mail: stfrankfurt@schweizferien.ch

... in Österreich
Kärtnerstr. 23, 1015 Wien, Tel. 01/512 74 05, Fax 01/513 93 35

... in der Schweiz
Postfach, 8027 Zürich, Tel. 01/288 11 11, Fax 01/288 12 05

Informationsstellen am Lago Maggiore

Dank der guten touristischen Infrastruktur finden sich in allen größeren Orten die üblichen Informationsstellen. Für das **piemontesische Ufer** z.B.: Agenzia di Accoglienza e Promozione Turistica Locale ›Distretto Turistico dei Laghi‹, Via P. Tomaso 70/72, 28838 Stresa, Tel. 032 33 04 16, Fax: 03 23 93 43 35, www.distrettolaghi.it
Für das **lombardische Ufer:** APT Viale Ippodromo, 9, Tel. 03 32 28 46 24, Fax: 03 32 23 80 93;
Für das **Schweizer Ufer:** Ente Turistico Locarno e Valli, Largo Zorzi, 1, Tel. 091/7 51 03 33, Fax 091/7 51 90 70
www.maggiore.ch

Einreise

Für Reisende aus der EU reicht für die Schweiz wie auch für Italien ein gültiger Personalausweis.

Anreise

... mit dem Flugzeug
Die nächsten großen Flughäfen befinden sich in Milano-Malpensa und Milano-Linate. Es bestehen von deutschen Städten mehrmals täglich Flugverbindungen. In Bergamo-Orio al Serio, ca. 50 km östlich von Mailand, landen täglich Billigflüge von Berlin.Wings und Rayan-Air, in Milano/Malpensa von Germanwings. In Lugano-Agno landen täglich Swiss-Flüge aus Basel, Genf, Bern und Zürich. Lugano und Malpensa sind mit einem Airport-Shuttle-Dienst verbunden. Locarno im Tessin besitzt einen kleinen Flugplatz.

... mit der Bahn
Züge aus dem Norden fahren die St. Gotthardstrecke über Bellinzona. Hier muss man zur Weiterfahrt nach Locarno, Ascona und Luino umsteigen. Den Süden vom Lago Maggiore erreicht man einfacher über Mailand. Vom Simplonpass fahren Züge über Domodossola ab Verbania am See entlang.

... mit dem Auto
Durch den St. Gotthard- oder den Bernardinotunnel. Länger, aber sehr schön ist die Anreise über den Lukmanier. Für die Einreise in die Schweiz benötigt man die grüne Versicherungskarte fürs Auto. Die Schweizer Autobahnvignette

kann man an den Grenzübergängen und an Tankstellen in Grenznähe kaufen.Benzin ist in der Schweiz billiger als in Italien, Diesel kostet etwa gleich viel.

Geld

Euro in Italien,
Schweizer Franken in der Schweiz.
Wechselkurs: ca. 1,50 sFr. = 1 €

Notfall

Polizei:
in Italien 112 o. 113, in der Schweiz 117
Feuerwehr:
in Italien 115, in der Schweiz 118
Krankenwagen:
in Italien 118, in der Schweiz 144
Pannenhilfe:
in Italien 116, in der Schweiz 140
Diplomatische Vertretungen in Mailand:
Deutschland: Via Solferino, 40,
Tel. 0 26 23 11 01, Fax: 0 26 55 42 13,
Mo–Fr 9–12 Uhr
Österreich: Piazza Liberty, 8
Tel. 02 78 35 45/02 78 37 41,
Fax: 02 78 36 25, Mo–Fr 9–12 Uhr.
Schweiz: Via Palestro, 2,
Tel. 0 27 77 91 66, Mo–Fr 9–12 Uhr
Diplomatische Vertretungen in Lugano:
Deutschland: Via Soave, 9,
Tel. 921 44 09
Österreich: Via Pretorio, 7,
Tel. 913 40 07

Telefonieren

Nach Italien
0039 + Rufnummer mit der Vorwahlnull, Handys 0039 + Rufnummer
Nach Deutschland
0049 + Rufnummer ohne Vorwahlnull
Nach Österreich
0043 + Rufnummer ohne Vorwahlnull
In die Schweiz
0041 + Rufnummer ohne Vorwahlnull

Auskunft:
Italien : 12, Schweiz: 111
Telefonieren in Italien:
Auch bei Ortsgesprächen muss die Vorwahl gewählt werden. Öffentliche Telefone gibt es bei Telecom, in Bars und Telefonkabinen. 10-, 20-, 50-Cent Münzen. Oft funktionieren die Apparate nur mit Telefonkarte Scheda Telefonica, die in *tabacchi*-Läden erhältlich ist.
Telefonieren in der Schweiz:
Am günstigsten telefoniert man mit CallingCards, mit einer Prepaidkarte der Telecom oder mit Telefonkarten für die öffentlichen Telefonzellen.

Öffnungszeiten

Die folgenden Zeitangaben können von Ort zu Ort leicht variieren.
Banken
I: Mo–Fr 8.30–13; 14.15–15.45 Uhr
CH: Mo–Fr 8.30–16.30 Uhr
Postämter
I: Mo–Fr 8.15–13.30 Uhr, in größeren Orten auch nachmittags bis 18 Uhr geöffnet, Sa und am Monatsletzten schließen die Postämter früher.
CH: s. Läden
Läden
I: generell: 9–12.30 und 15–19.30 Uhr So und Mo vormittags geschl. Lebensmittelläden Mo vormittags geöffnet. Im Sommer sind viele Geschäfte auch Sonntags und abends länger offen.
CH: 8–12; 14–17/18.30 Uhr, So geschl.
Kirchen
sind meistens über Mittag zu; kleinere, abgelegene Kirchen sind fast immer geschlossen, man wende sich an den Pfarrer der Hauptkirche oder ans Informationsbüro.

Museen
I: Montags fast alle geschlossen.
Sehenswürdigkeiten
I: Ebenso wie Museen montags fast alle geschlossen.
Fundbüros
Bei der zuständigen Stadt- und Ortspolizei *(»vigili urbani«)*.

Gesundheit

EU-Mitglieder sollten sich bei ihren örtlichen Krankenkassen das Formular E111 besorgen. Man erhält dann in Italien kostenlose ärztliche Versorgung in Krankenhäusern. Apotheken, *farmacia*, gibt es in allen größeren Orten.

Behinderte

Laut italienischem Gesetz müssen alle öffentlichen Gebäude wie Ämter und Museen für Behinderte gut zugänglich sein. So bietet das Museo dei Trasporti in Ranco (s. S. 95 und 113) eine Sonderroute für Behinderte. Doch ansonsten sieht die Praxis noch nicht ganz so ideal aus – zum Glück hilft oft die Freundlichkeit der Italiener weiter. Viele Hotels aber haben mittlerweile behindertengerecht ausgestattete Zimmer.

Unterwegs am Lago Maggiore

... mit der Bahn
Von Bellinzona fahren regelmäßig Züge nach Locarno. Locarno ist mit Domodossola über die Centovalli-Bahn verbunden. Ab Bellinzona fahren Züge über Luino–Laveno nach Mailand. In Luino muss man umzusteigen. Ab hier wird es schwierig – Personenzüge fahren seltener und sind oft unpünktlich. Auf dieser Strecke haben Güterzüge Vorfahrt! Die Linie Mailand–Simplon über Domodossola geht von Sesto Calende bis Verbania am See entlang.

... mit dem Bus
Alibus: Info 03 22 84 48 62, www.comazzibus.com oder 03 22 55 21 72, www.safduemila.com, öffentl. Busse auf Bestellung von Malpensa nach Verbania. Man muss den Bus am Vortag bestellen; wenn möglich hält der Bus auch direkt vor den Hotels. Ab Verbania 10,50 €, ab Feriolo 8 €, ab Solcio 5 €.
Im Tessin:
Die Schweizer Orte sind in der Regel – wenn nicht mit der Bahn – mit dem Bus erreichbar. Oft lohnen sich die Sonderpässe und -cards der öffentlichen Verkehrsbetriebe. Auskunft geben die Schweizer Verkehrs- und Bahnreisebüros. Es gibt diverse Fahrkartenangebote (Mehrtageskarten usw.).

Die gelben Postbusse befördern Reisende in die Täler. Karten sind beim Busfahrer erhältlich.

Für Überlandfahrten zu Dörfern und größeren Ortschaften sind die FART-Busse in Locarno zuständig:
Piazza Grande, 18,
Tel. 091/751 87 31,
Fax 091/751 40 77.
Piemont und Lombardei:
Sowohl im Piemont als auch in der Lombardei gibt es eine Vielzahl an privaten Busunternehmen und -linien, die die Fahrgäste entlang dem Ufer von einem Ort zum anderen bringen. Fast jeder Ort am Seeufer besitzt eine Haltestelle. Detaillierte Informationen über Routenverlauf und Abfahrtszeiten erhält man bei den jeweiligen Tourismusämtern. Kleinere, abgelegene Orte in den Bergen per Bus zu erreichen, ist dagegen oft schwierig.

... mit dem Schiff
Navigazione del Lago Maggiore,
Viale Baracca, 1, Arona,

Tel. 032 24 66 51, 03 22 23 32 00, Fax 03 22 24 95 30
www.navigazionelaghi.it
Die Einzelfahrkarten sind relativ teuer, deshalb lohnen sich oft Tages- oder Wochenkarten. Für 50 € (Kinder 4–11 Jahre 25 €) kann man z. B. eine Woche lang so oft man will kreuz und quer fahren (3-Tageskarte Erw: 38 €, Kinder 19 €). Nähere Informationen erhält man unter der Gratisnummer 800 55 18 01, tgl. 8.30–19 Uhr (nur aus Italien).

Es gibt das ganze Jahr über einen Auto-Fährdienst von Intra nach Laveno (in den Hauptverkehrszeiten im 20-Minuten-Takt; Auto mit Fahrer unter 4,5 m 6,60 €, über 4,5 m 8,80 €, jede weitere Person 1,90 €.) In den Sommermonaten verbinden die Schiffe die wichtigsten Orte am Lago Maggiore miteinander. Von Stresa, Pallanza und Baveno starten die Schiffe zu den Borromäischen Inseln. Daneben gibt es zahlreiche Rundfahrt-Möglichkeiten. Fahrten mit den Tragflügelbooten muss man buchen. Sie sind zwar sehr schnell, aber man sitzt drinnen und sieht kaum etwas von der vorbeifliegenden Landschaft. Mittwochs werden für die Besucher des Marktes in Luino Sonderschiffe eingesetzt. Es empfiehlt sich, rechtzeitig einen Platz zu reservieren! Auch andere italienische Märkte werden von der Schweiz aus angefahren.

Darüber hinaus bietet die Schifffahrtsgesellschaft im Sommer diverse Nachtkreuzfahrten mit Livemusik, Tanz und Restaurant an Bord an. Für Romantiker hält man etwas Besonderes bereit: eine Fahrt auf dem Lago mit dem Raddampfer ›Piemonte‹ aus dem Jahre 1929! Er wird zurzeit restauriert. Solche und andere Schiffe werden für Feste und Anlässe aller Art auch vermietet.

Mitte Okt.–Ende März fahren Schiffe nur von:
– Angera nach Arona;
– Stresa über Isola Bella, Isola dei Pescatori, Baveno, Pallanza nach Intra;
– Cannero nach Luino bis Cannobio;
– Locarno bis Magadino.

Private Taxiboote

Noch eine Möglichkeit der Beförderung auf dem Seeweg. Allerdings bieten die Chauffeure oft ziemlich aufdringlich ihre Dienste an. Man tut gut daran, den Preis vorher zu erfragen bzw. auszuhandeln, damit man am Ende einer malerischen Fahrt keine böse Überraschung erlebt.

... mit dem Leihwagen oder dem eigenen Auto

Rings um den See und zu den umliegenden Dörfern gibt es z. T. gut ausgebaute Straßen, einige sind jedoch sehr schmal und kurvig. Im Sommer herrscht überall große Parkplatznot; vor größeren Städten ist mit Staus zu rechnen.
Leihwagen: In allen größeren Orten rings um den Lago gibt es Leihwagenfirmen *(autonoleggio)*; neben internationalen Agenturen sind lokale Anbieter vertreten.

Organisierte Touren

Lago Maggiore Express ist eine Rundreise mit Schiff und Bahn: von Stresa mit dem Schiff bis Locarno und von dort mit der Centovallibahn nach Domodossola und von hier mit der Bahn zurück nach Stresa. Man kann an jeder Station beginnen. Preis: Tageskarte 26 € (Kinder 13 €). Eine Fahrkarte, die zwei Tage gültig ist, kostet 30 € (Kinder 15 €).
Monica de Gasperi ›Camminate a tema‹ Tel. 03 32 66 94 19

Orte vo

Über den See zu den Borromeo-Inseln schippern, kleine Bergdörfer und verschwiegene Täler besuchen, von Berggipfeln wunderbare Ausblicke auf den Lago genießen, bei ›Alessi‹ und ›Missoni‹ Schnäppchen jagen, in prächtigen Hotelpalästen von der Belle Époque träumen, die literarischen Spuren von Max Frisch, Hermann Hesse und Dario Fo verfolgen. Und man könnte noch lange fortfah-

n A bis Z

ren. Dieser Führer zum ›See der zauberhaften Landschaften‹ gibt Ihnen nützliche Tipps und ausgesuchte Adressen an die Hand, damit Ihr Urlaub zum Erlebnis wird. Und wer rings um den Lago Besonderes sehen möchte, dem seien die fünf Touren empfohlen. Der Lago Maggiore in kompakter, überschaubarer Form – für alle, die viel entdecken und nichts verpassen möchten.

Angera (I) (D 9)

Angera (5 400 Einw.) liegt gegenüber von Arona in einem kleinen Golf an der schmalsten, nur 2 km breiten Stelle des Lago Maggiore. Die schon in prähistorischer Zeit bewohnte Stadt erlangte bereits unter den Römern Bedeutung und wurde im Mittelalter Sitz eines Herzogtums, das einen großen Teil des Lago Maggiore beherrschte. 1497 wurde Angera von Ludovico il Moro zur Stadt erhoben. Eine Doppelreihe großer Kastanien säumt die schöne Uferpromenade, hinter der sich die engen Gassen der Altstadt erstrecken. Darüber thront auf einem steilen Felsen die trotzige Burg, die die Visconti einst erbauen ließen
(s. Extra-Tour 1, S. 108)

Sehenswert

Madonna della Riva: Piazza Garibaldi, den ganzen Tag über geöffnet.
Die nie vollendete Kirche an der Seepromenade zeigt heute nur den Chor des ehemals gigantischen Bauvorhabens, der um die Kapelle mit einer hochverehrten, Blut weinenden Madonna errichtet wurde. In der Kirche hängen Bilder, die vom Pastoralbesuch Carlo Borromeos erzählen.

Highlight 1

Rocca di Angera: Via della Rocca, Tel. 03 31 93 13 00, Mitte März–Ende Okt. Tägl. 9–17 Uhr, Eintritt: Erw. 7 €, Kinder (6–15 Jahre) 4,50 €.
Die mächtige Burg hoch über der Stadt auf einem Kalkfelsen erzählt eine Geschichte, die schon im Mittelalter begann. Die Visconti, Herrscher über die Lombardei, ließen sie auf den Resten einer früheren, römischen Befestigung errichten, später ging sie in Borromeo-Besitz über. Eine hohe, zinnengekrönte Mauer umschließt vier Gebäude um einen Innenhof. Der älteste Teil ist die Torre Castellana, von der aus man einen der schönsten Blicke auf den See und die sich dahinter erhebenden Berge hat. Unter den Borromeo entwickelte sich die Burg zum herrschaftlichen Palast. Im 16./17. Jh. ließen sie den Südflügel erbauen, durch den man die Burg betritt. Die Sala della Giustizia im Visconti-Flügel schmücken Fresken aus dem 14. Jh., die Tierkreiszeichen und den Triumph des Ottonen Visconti 1277 über seinen verbissensten Gegner, Napo Torriani, darstellen. Im Erdgeschoss des Scaligera-Flügels – von Bernabò Visconti für seine Frau aus dem Geschlecht der Scaligera aus Verona erbaut – befindet sich ein sehenswertes Puppenmuseum (Extra-Tour 3, s. S. 113).

Civico Museo Archeologico: Palazzo Pretorio, Via Marconi, 2, Mo, Do und Sa 15–18 Uhr.
Im archäologischen Museum werden v. a. Funde aus der Römerzeit ausgestellt.
Studio Liberty: Piazza Garibaldi, 18, nur zu Ausstellungen geöffnet.
Wechselnde Ausstellungen vieler in-, aber auch ausländischer Künstler, die sich am den Lago Maggiore niedergelassen haben.

Einkaufen

Do morgens ist **Markt** an der Piazza Garibaldi/Seepromenade.

Im **municipio** an der Seepromenade, Piazza Garibaldi, 19, Tel. 03 31 93 01 68, Mo–Fr 9–12, Do auch 17–18 Uhr. Tel. 03 31 93 19 15 (Ufficio Cultura),
Tel. 03 31 93 11 33 (Biblioteca Comunale).

Die Rocca di Angera thront auf einem Felsen hoch über der Stadt

Dei Tigli: Via Paletta, 20, Tel. 03 31 93 08 36, Fax 03 31 96 03 33, hotigli@mail1tread.net.
Das Haus liegt in einem engen Sträßchen, ›zwei‹ Schritte von der Uferpromenade entfernt. Die Aufenthaltsräume sind mit Bildern vom See geschmückt, die Zimmer sind ausgesprochen komfortabel eingerichtet. DZ 110 €.

Hotel Lido Angera: Viale Libertà, 11, Tel. 03 31 93 02 32, 03 31 93 06 56, Fax 03 31 93 06 56, DZ 102 €.
Das Haus liegt etwas außerhalb an der Straße nach Ranco und verfügt über einen Garten und eigenen Strand direkt am See. Die Zimmer sind einfach, aber mit allem ausgestattet, was man braucht. Schönes Restaurant mit Panoramaterrasse und guten Speisen. Der sardische Koch bäckt sardisches Brot.

Camping Città di Angera: Via Bruschera al Lago, Tel. 03 31 93 07 36, Fax 03 31 96 03 67, www.campingcittadiangera.it, ganzjährig geöffnet, Stellplatz für 2-Pers.-Zelt und Auto: 22.50 €.
Liegt fernab der Straße am See und bietet neben Schwimmbad und Tennisplätzen verschiedene Unterhaltungsmöglichkeiten.

Ristorante Bacco: Via Mazzini, 71, Tel. 03 31 93 13 19, Do geschl.

Das ganzjährig geöffnete, sehr einfache Restaurant (ca. 20 €) bietet auch sieben Zimmer mit Bad (DZ ohne Frühstück 55 €; die Zimmer zur Straße sind tagsüber recht laut.) Das Essen kostet für Hausgäste etwa 10 €.

Azienda Agricola La Rocca: Via Rocca, Tel. 03 31 93 03 38, komplettes Menü ca. 35 €.
Durch die großen Glaswände der ehemaligen Hofanlage geht der Blick bei hausgemachter Pasta und Fischen aus dem See auf den Lago und die über ihn ragende Burg der Borromeo.

Bahn: Der nächste Bahnhof ist in Sesto Calende (s. S. 98).
Busse: ›Autolinee Varesine‹ fährt zweimal am Tag nach Mailand und mehrmals am Tag nach Varese; am See entlang nur bis Ispra, dann weiter nach Besozzo, wo man umsteigen kann.
Schiffe: Anlegestelle der NLM, Piazzale della Vittoria. Ganzjährig Schiffe nach Arona, und von dort April–Sept. im Zickzack über den See bis nach Locarno.

Arona (I) (D 9)

Nach der Zerstörung Mailands durch Friedrich Barbarossa im Jahre 1162 flohen zahlreiche mailändische Familien nach Arona (heute 16 000 Einw.) und lösten dadurch einen Entwicklungsschub der Stadt aus. 1439 erhielt Vitaliano Borromeo Arona von Giovanni Maria Visconti als Lehen für seine treuen Dienste. Auch hier stand früher eine mächtige Burg, die zusammen mit der Rocca di Angera den südlichen Teil des Sees beherrschte.

Von der Uferpromenade, die auf die Piazza del Popolo – dem mittelalterlichen Handelszentrum, dem ›Salon‹ der Stadt – mündet, hat man einen prächtigen Blick auf die Rocca di Angera auf der anderen Seeseite. In Läden, Lokalen, Bars und Restaurants herrscht vor allem im Sommer reges Leben.

Sehenswert

Santi Martiri: Via S. Carlo.
Die Kirche wurde ursprünglich von Benediktinern im 10. Jh. erbaut, doch wiederholt erneuert. Hinter der Barockfassade verbirgt sich ein neoklassisches Inneres, in dem eine Altartafel von Bergognone (15. Jh.) zu sehen ist. Um an die Schlüssel für die meist verschlossene Kirche zu gelangen, muss man sich an den Pfarrer der Kirche S. Maria (s. u.) wenden!
S. Maria: Via S. Carlo, wegen der Messen meist geöffnet.
Die Kollegiatskirche birgt eine ›Anbetung des Kindes‹ von Gaudenzio Ferrari (1511).
Casa del Popolo: Piazza del Popolo.
Das Haus an der malerischen Piazza mit Laubengängen aus dem 15. Jh. ist das Symbol der freien Stadt Arona. Es wurde unter den Visconti erbaut.
Rocca: Von der Burg, in der San Carlo Borromeo auf die Welt kam, blieben nur noch Ruinen, nachdem Napoleon sie um 1800 zerstörte und ihre Steine zum Bau des Sempione, der Simplonstraße, verwenden ließ. Heute ist hier ein Stadtpark angelegt. Zurzeit ist dieser Park wegen Restaurierungsarbeiten geschlossen.
Stadtmuseum: Piazza S. Graziano, 36, 15.6.–15.9., Sa/So 15.30–18.30 Uhr.
Archäologische Funde und lokale Kunstwerke.
Villa Ponti: Via S.Carlo, 63.
In der mehrmals umgebauten, ursprünglich barocken Villa finden große, wichtige Ausstellungen statt.

Shoppen auf dem Sempione

Der Sempione, die große Straße, die zum Simplon führt, ist südlich von Arona Richtung Sesto Calende von großen Geschäften, Supermärkten und Outlets jeglicher Art gesäumt, wie z. B. Sergio-Tacchini: s.s. 33 del Sempione, 159, Mo 15–19.30, Di–Sa 10–19.30, So 10–20 Uhr. Direktverkauf von Sportkleidung.

Sport & Strände

Golf Club Castelconturbia: Via Suno, Agrate Conturbia, Tel. 03 22 83 23 37.
Der besonders großzügig angelegte Platz bietet Golffreunden einen 27-Loch-Parcours.

Einkaufen

Di **Markt,** Piazzale Duca d' Aosta/Piazzale Repubblica, 8–12.30 Uhr.
An jedem zweiten So im Monat findet an der Seepromenade ein **Antiquitätenmarkt** statt.

Ausgehen

La Rocchetta: Via Verbano, 1, Do–So 23–3 Uhr, Do und So für Damen freier Eintritt.
Sehr beliebte Disko am See. Hierher kommen auch Tanzlustige aus Nachbarprovinzen und Mailand.
Caffè de la Sera: Lungo Lago Marconi, 85, bis 2 Uhr.
Beliebter Treffpunkt mit angenehmer Musik und guten Cocktails. Morgens Frühstück, mittags auch Restaurant.
Ul Böc: Lungo Lago Marconi, 71.
In dieser Kneipe trifft sich vor allem die Jugend, trinkt Bier und verzehrt *panini* zu sehr lauter Musik.

Piazzale Duca d' Aosta, Tel. 03 22 24 36 01, Mo–Sa 9–12, 15–18, Mai–Sept. auch So 9–12 Uhr.

In Arona gibt es eine Reihe auch guter Hotels, allerdings in nicht so schöner Lage und ohne Charme. Hier übernachten eher Geschäftsleute, die vom Flughafen Malpensa kommen.
Campeggio Italia Lido: Via Cicognola, 88, Castelletto Ticino, Tel./Fax 03 31 92 30 32, 2-Personen-Zelt ca. 22 €.
Dieser Campingplatz ist an einem ruhigen Strand am Golfo S. Anna gelegen. An dieser Stelle streiten sich die Geister darüber, ob das noch See oder schon der Fluss ist.

Vecchia Arona: Lungolago Marconi, 17, Tel. 03 22 24 24 69, Fr sowie Juni und Nov. geschl. 20–45 €
Elegantes Lokal mit alten Fotos an den Wänden. Das Menü variiert ständig, je nach Jahreszeit und täglichem Einkauf. Gutes Preis-Leistungs-Verhältnis und sehr gute Weinkarte.
Besonders schön sitzt man auf der **Piazza del Popolo** und hat hier z. B. die Qual der Wahl zwischen **Taverna del Pittore** (Luxus, ca. 70/80 €, Tel. 03 22 24 33 66) oder **Piazzetta** (ca. 50/60 €, auf Meeresfisch spezialisiert, Tel. 03 22 24 33 16).
Außerhalb befinden sich eine Reihe guter Restaurants:
Taverna del Gufo (C 9): Via Verbano, 75, Dagnente, Tel. 03 22 6 50 08, Di geschl. Ca. 25 €.
Draußen auf der Terrasse sitzt man schön unter Bäumen. Auf Wunsch wird auch Pizza zubereitet.
Trattoria Campagna: Im Ortsteil Campagna, Via Vergante, 12, Tel. 03 22 5 72 94, ca. 30/35 €.

Traditionelle Gerichte und gute Weine, aber ohne Panorama.
La Nuova Giara: Via Cicognola, 42, Castelletto Ticino, Tel. 03 31 92 45 46, Mi geschl.ca. 40 €.
Im Süden von Arona direkt am See. Spezialität ist Fisch v. a. aus dem See.

Bahn: Piazzale Duca d' Aosta, Tel. 03 22 24 24 62
Von diesem Bahnhof in Jugendstil, an dem der legendäre Orientexpress hielt, fahren Züge nach Mailand und Domodossola–Simplon.
Busse: Ab Piazzale Duca d' Aosta ins Vergante mit den ›Autolinee Pirazzi‹, nach Intra mit ›Nerini‹, nach Novara und Domodossola mit den ›Autolinee Novaresi Interregionali‹.
Schiffe: Anlegestelle der NLM, am Corso Repubblica, Tel. 03 22 24 23 52; ganzjährig Verbindungen nach Angera, Ende März–Mitte Okt. im Zickzack über den See nach Locarno. Fahrkarte hin und zurück nach Locarno 18 €, Kinder 4–11 Jahre 9 €.

Ziele in der Umgebung

Kolossalstatue: Etwa 2 km oberhalb Aronas in Richtung Stresa, Tel. 03 22 24 96 69, Mitte März–Anfang Okt. 9–12.30, 14–18.30 Uhr, Wintermonate nur Sa, So, feiertags und Weihnachtsferien 9–12.30, 14–17 Uhr, Eintritt: 3,50 €.
Die 20,68 m hohe Statue des hl. Carlo Borromeo, genannt S. Carlone, steht segnend über der Stadt. Man kann sie von innen über eine steile Treppe besteigen und aus Augen, Mund und Nase den Blick über den See genießen. Kinder dürfen erst ab acht Jahren die Treppe benutzen!
Vergante: So heißt die Gegend, die parallel zum See hinter Arona beginnt und sich bis Baveno (C 6) erstreckt. Sie trennt den Lago Maggiore vom Orta-See und gehörte erst den Visconti, dann den Borromeo. Man fährt durch kleine, zum Teil verbaute Orte, doch man trifft auch auf prächtige Villen und romanische Kirchlein. Landschaftlich ist der Vergante wunderschön und bietet sich für Wanderungen und Spaziergänge an, bei denen man immer Traumblicke auf den See hat.
Info: bei CAI Arona, Tel. 03 22 48 00 80; oder bei der Touristeninformation in Arona (s. o).
Massino Visconti (C 8): Ca. 8 km nördlich von Arona liegt dieser Ort, aus dem angeblich die mächtige Familie der Visconti stammt. Ihr Schloss aus dem 13. Jh. kann leider nicht besichtigt werden. Aus der früher sehr armen Gegend zogen viele Menschen auf der Suche nach Arbeit fort, neben Köchen waren darunter zahlreiche Schirmmacher. Der Ort hat diesem Beruf ein Denkmal gesetzt: mit einer Katze, die einen Schirm hält.
Monte S. Salvatore: An der höchsten Stelle des Berges oberhalb von Massino (etwa 1 Std. Fußweg) stehen um die von Benediktinern gegründete Kirche große, alte Buchen und Kastanien. Hier befindet sich eine *osteria* (Tel. 03 22 21 93 01, Mo geschl.), von deren Terrasse aus man an klaren Tagen sogar den Blick über die Seen von Varese, Monate und Comabbio genießen kann.
Parco Naturale Lagoni di Mercurago (C/D 10): Ein an Flora und Fauna reiches Naturschutzgebiet (Info-Tel. 03 22 24 02 39) südlich von Arona mit kleinen Seen und Sümpfen, das schon in der Bronzezeit besiedelt war. Die archäologischen Funde sind im Stadtmuseum zu besichtigen (s. S. 43). Im Naturschutzpark befindet sich auch eines der berühmtesten Vollblutgestüte Italiens: die Scuderia Dormello Olgiata. Hier kam das sagenhafte Rennpferd

»Ribot« auf die Welt, das in den 1950er und Anfang der 1960er Jahren alle wichtigen Rennen gewonnen hat.

Parco Faunistico La Torbiera (D 11): Via Borgo Ticino Agrate, 11, Agrate Conturbia, Tel. 03 22 83 21 36, 03 22 83 25 25, März–Sept. Sa–Do, Okt./Nov. nur Sa/So.
Ein interessanter Zoo in einem großzügig angelegten Park mit vorwiegend hiesigen Tieren, die sich in ihrem natürlichen Lebensraum bewegen und verstecken.

Ascona (CH) (G 1)

Das früher eher unscheinbaren Ascona (5 000 Einw.) machten erst Künstler und Intellektuelle aus aller Welt – vor allem Deutsche – über die Schweizer Grenzen hinaus bekannt. Anfang des 20. Jh. sorgten diese Einwanderer für Furore, als sie vom Monte Verità Anarchie, freie Liebe, anthroposophisches Gedankengut, Kommunismus, Vegetarismus etc. verkündeten. In den 30er Jahren des 20. Jh. fanden im Haus der Eranos-Gründerin Olga Fröbe-Kaptyn in Moscia am See die ersten Tagungen statt, an denen Menschen- und Religionsforscher wie Carl Gustav Jung und Karl Kerényi teilnahmen. Seit 1990 werden wieder Tagungen auf dem Monte Verità abgehalten.

Unten im autofreien Ascona reihen sich Hotels an Cafés, feine Boutiquen an Luxusrestaurants. Nur ein Besuch auf dem ›Berg der Wahrheit‹ lässt ahnen, welch kultureller und geistiger Wind einst in dem Dorf wehte. Den Weltverbesserern folgten vermögende Großindustrielle, die auch die Kunst förderten. Während und nach dem Zweiten Weltkrieg zog es viele Schriftsteller wie z. B. Max Frisch, Hermann Hesse, Erich Maria Remarque, Robert Neumann und Hans Habe ins Tessin.

Der Ortskern mit der lang gezogenen Piazza Motta am See und den dahinter liegenden Sträßchen und Innenhöfen ist noch relativ intakt. Auf der Piazza ist im Sommer immer etwas los: Mimen, Konzerte etc. Die Gärten mussten Lokalen mit schönen Pergolas weichen. Reiche Villen säumen das Seeufer und ziehen sich über den darüber liegenden Hang. Die nahe Umgebung bietet gepflegte Spazier- und Wanderwege.

Sehenswert

Von Asconas mittelalterlicher Vergangenheit ist wenig zu sehen. Die Reste des **Castello dei Ghiriglioni** aus dem 13. Jh. wurden ins Hotel-Castello (s. S. 48) integriert. Vom im 16. Jh. geschleiften **Castello S. Materno** sind Reste einer romanischen Burgkapelle mit einer freskierten Apsis übrig geblieben, die zurzeit aber nicht geöffnet ist.

Highlight 2

Monte Verità

Aus dem Ort des Bürgerschrecks ist ein Pilgerort für alle Menschen geworden, die Utopien bestaunen oder erforschen möchten.

Museen des Monte Verità: Via Collina, Seminarzentrum.

Museo Casa Anatta, April–Okt. Di–So 14.30–18, Juli/Aug. 15–19 Uhr, Eintritt: 6 sFr. (Extra-Tour 3, s. S. 112).
In der Casa Anatta, einst Wohnhaus und Sitz der vegetarischen Kooperative, ist jetzt ein Museum der Geschichte des Monte Verità eingerichtet. Auch die Casa Selma, eine ›Licht-Lufthütte‹ mit weiteren Dokumenten, kann man besichti-

gen. Im Holzhaus Chiaro Mondo dei Beati wurden die paradiesische Vorstellungen der Berg-Utopisten auf einem großen Rundbild von Elisar von Kupffer dargestellt.

Epper Museum: Via Albarelle, 14, April/Mai/Juni–Sept./Okt. Di–Fr 10–12,15–18, Sa/So 15–18, Juli/Aug. Di–Fr 10–12, 20–22, Sa/So 20–22 Uhr Neben Xylografien, Aquarellen und Zeichnungen des Schweizer Expressionisten Ignaz Epper (1892–1969) finden sich auch Skulpturen des Bildhauers Mischa Epper.

Museo Comunale d' Arte: Via Borgo, 34, März–Dez. Di–Sa 10–12, 15–18, So 16–18 Uhr, Eintritt: 5 sFr. In diesem von Marianne Werefkin und Richard Seewald gegründeten Museum finden neben der permanenten Werefkin-Sammlung wechselnde Austellungen statt.

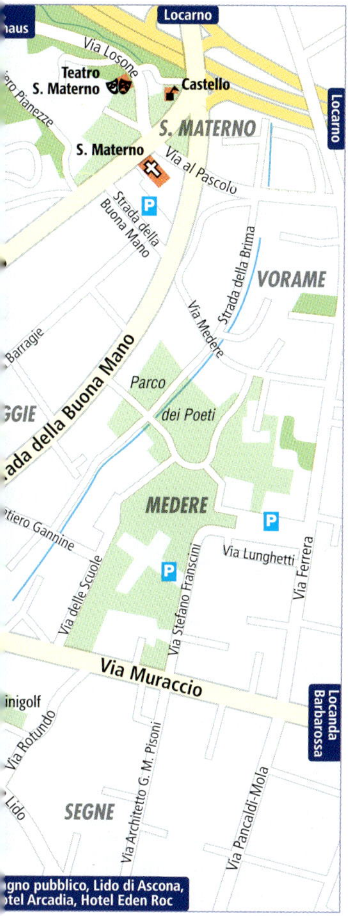

Collegio Papio: Via Papio.
Der von Bartolomeo Papio (1526–80) gestiftete und von Pellegrino Tibaldi errichtete Bau hat einen großen, öffentlich zugänglichen Renaissance-Innenhof, während das Gebäude heute ein privates Gymnasium ist. Vom Hof tritt man in die Kirche S. Maria della Misericordia mit Fresken aus dem 14.–16. Jh. Hier finden gelegentlich auch Konzerte statt.

Haus Serodine: Piazza S. Pietro.
Das Patrizierhaus aus dem 17. Jh. ziert eine prächtige Fassade voller Stuckdekorationen und Figuren von Giovanni Battista Serodine. Die Serodines waren eine weit bekannte Künstlerfamilie aus Ascona.

SS. Pietro e Paolo: Piazza S. Pietro.
Den hohen Campanile erblickt man schon von weitem. In der Kirche aus dem 16. Jh. sind Altarbilder des einheimischen Künstlers Giovanni Serodine zu sehen.

Sport & Strände

Il Grande Lido patriziale: Via Lido, Mai–Sept 8–22 Uhr, Eintritt frei, Tel. 0 91 7 91 71 30.
Schöner großer Strand mit langer Wasserrutsche, Tischtennis, Restaurant und Kinderspielplatz.

Eisbahn Siberia: Via S. Materno, Tel. 0 91 7 91 32 22, Mo 17–23, Di–So 10–23 Uhr.
Im Sommer Inlineskaten, Okt.–März Schlittschuhlaufen

Golf Club Patriziale, Via Lido, Tel. 0 91 7 91 21 32, Fax 0 91 7 91 07 06, www.golf.ascona.ch
im Sommer 7.30–20.30 Uhr, im Winter bis zur Dunkelheit.
18-Loch-Platz. Voraussetzung ist eine Golf-Club-Mitgliedskarte.

Golf Gerre Losone, Contrada San Giorgio, 7, Losone, Tel. 0 91 7 85 10 90, Fax -91, ww.golflosone.ch
Neuer 18-Loch-Golfplatz.

Einkaufen

Der alte Borgo von Ascona lädt zum Einkaufsbummel ein, da er in seinen Sträßchen, Passagen und Innenhöfen Geschäfte, Boutiquen und viele Galerien jeder Art bietet. Die interessanteste, seit 1967 bestehende Galerie ist die **AAA** (Asociazione Aritisti Ascona, Carrà dei Nasi, 18). Von März–Okt. wird alle fünf Wochen eine neue Ausstellung eröffnet.

April–Okt. wird Di von 10–17 Uhr Markt auf der Piazza Motta abgehalten.

Mitte Dez. findet hier ein nicht nur die Tessiner lockender Weihnachtsmarkt statt.

Libreria della Rondine: Piazza S. Pietro, Casa Serodine, Tel. 0 91 7 91 22 80, Mo–Fr 10–18, Sa 10–15 Uhr.

Diese Buchhandlung bietet neben antiquarischen Büchern alles von und über Hermann Hesse sowie Bücher über das Tessin.

Feste & Unterhaltung

Ende Aug/Mitte Sept.: Konzertreihe ›Settimane Musicali‹.

Ende Juli: Festival klassischer Musik ›Ticino Musica Locarno Ascona‹.

Beim **Tessiner Karneval** im Februar gibt es traditionell am Dienstag Gratisrisotto auf der Piazza.

›Musik und Wort‹: Zwischen Ostern und Pfingsten sowie in der Advents- und Weihnachtszeit finden in der evangelischen Kirche (Via Locarno, 80) Lesungen und Konzerte mit z. T. hochkarätigen Musikern statt. Eintritt frei, Spende erbeten.

Das **Internationales Springturnier** lockt Ende Juli Pferdefans an. Info: CSI Ascona, Via B. Luini, 3, Locarno, Tel. 0 91 7 56 20 15.

New Orleans Jazz Ascona-Festival

Seit 1985 ist Ascona Schauplatz eines der wichtigsten Jazztreffen in Europa. Ende Juni/Anfang Juli finden während des zehntägigen Festivals über 20 Konzerte am Tag statt – auf den Piazzas, in Hotels und Clubs. Zu dieser Zeit passiert in der ordentlichen, linearen Stadt Ascona das Unerwartete: Ein Strom der Unordnung fließt durch die Straßen, und statt feierlicher Symphonien werden wilde Improvisationen geboten.

Casa Serodine: Piazza S. Pietro, Tel. 0 91 7 91 00 91, Fax 0 91 7 85 19 41, März–Okt. Mo–Sa 9–18, So 14.30–17, Nov.–März Mo–Fr 9.30–12.30, 14–17.30 Uhr.

Verbano: Via Borgo, 19, Tel. 0 91 7 91 12 74, DZ mit Frühstück 90 sFr.

Ristorante im Zentrum mit sechs einfachen Zimmern.

Casa Emmaus: Via Emmaus, 15, Tel. 0 91 7 91 15 59, Fax 0 91 7 91 48 28, www.ascona.ch/hhm/cemmaus.htm, DZ mit Frühstück 90/134 sFr.

Der schweizerische Diakonieverein vermietet acht Zimmer und drei Ferienwohnungen in einem Garten. Wohnung für 4 Personen 100 sFr., für 2 Personen 87 sFr. pro Tag.

Hotel Arcadia: Via Patrizia, 47, Tel. 0 91 7 91 10 15, Fax -7 91 05 13, www.arcadia.li, info@arcadia.li DZ mit Frühstück 170/195 sFr.

Das von Familie Bolz geführte Haus liegt ruhig, nahe zum Golfplatz und zum Lido. Gute Küche mit der Möglichkeit draußen zu sitzen.

Castello-Seeschloss: Piazza Motta, Tel. 0 91 7 91 01 61, Fax -7 91 18 04, www.castello-seeschloss.ch, DZ mit Frühstück 248/548 sFr.

Das Hotel direkt am See wurde über den Resten des mittelalterlichen Castello dei Ghiriglioni erbaut und bietet

u. a. romantische Turmzimmer und ein Schwimmbad.

Eden Roc, Via Albarelle, 16, Tel. 0 91 7 85 71 71, Fax 0 91 7 85 71 43, www.edenroc.ch, info@edenroc.ch

Luxushotel direkt am See mit dem renommierten Restaurant La Brezza und jeglichem Komfort (Freibad und Hallenbad, Miniclub für Kinder, Fitnesscenter). DZ mit Frühstück 480/740 sFr., ganzjährig offen, im Winter kostet es die Hälfte.

Andragogium: Ronco, Tel. 0 91 7 91 54 53, Fax 0 91 7 91 15 52, DZ mit Frühstück 160 sFr., ab drei Nächten 150 sFr.

Dieses sehr schön gelegene europäische Bildungs- und Begegnungszentrum liegt ca. 5 km südlich von Ascona und nimmt auch Individualreisende auf. Es hat jedoch keinen vollen Hotelservice, die Zimmerpflege obliegt dem Gast.

Grotto Baldoria: Via S.Omobono, 9, Tel. 0 91 7 91 32 98, Ostern–Ende Sept., 12–14, 17–23, Innenraum mit 30 Plätzen bis 0 Uhr.

Hier ist immer etwas los. Gebracht wird, was da ist, bestellen kann man eigentlich nicht. Käse oder Salami serviert man am Stück – der Gast säbelt sich ab, was er möchte. Einfach, rustikal, sympathisch und verrückt. Man isst gut und der Preis stimmt – Festpreis: 16 sFr.

Osteria Nostrana: Piazza Motta, Tel. 0 91 7 91 51 58, Pizza und Bier ca. 25 sFr.

Die günstigste Adresse an der Seepromenade. Man kann auch einfach nur einen Teller Pasta essen.

Della Carrà: Carra dei Nasi, Tel. 0 91 7 91 44 52 im Winter So geschl.

Sehr gutes Restaurant, beliebter Treffpunkt hier Ansässiger. Besonders schöner Innenhof. Menü ca. 50 sFr.

Hostaria San Pietro: Contrada Maggiore, 6, Tel. 0 91 7 91 39 76, Mo mittags geschl.

Durch eine große Glaskuppel erhellt viel Licht das Lokal. Auf der Terrasse sitzt man an kleinen Bistro-Tischchen. Sowohl die Speise- als auch die Weinkarte bieten Gutes zu angemessenen Preisen. Ca. 50 sFr.

Locanda Barbarossa: Via Muraccio 142, Tel. 0 91 7 91 02 02, Fax 0 91 7 92 11 18.

In diesem Restaurant des luxuriösen Hotels Castello del Sole kann man – zu den entsprechenden Preisen – in feinem Ambiente köstlich speisen.

Antico Ristorante Borromeo: Via Collegio Papio, 16, Tel. 0 91 7 91 92 81, ca. 70 sFr.

Unter dem Gewölbe, bei offenem Kamin zwischen alten Möbeln traf man sich schon in den 30er Jahren. Denn das Restaurant liegt sehr ruhig und bietet bei schönem Wetter einen Garten (leider mit Plastikstühlen, nach all dem Stil!).

Bahn: Nächster Bahnhof in Locarno (s. S. 82).

Busse: Abfahrt vor der Post, Via Papio; alle 15 Min. nach Locarno, mind. stündlich nach Brissago.

Schiffe: Anlegestelle NLM, Piazza Motta, Tel. 0 91 7 91 20 74, März–Okt.

Ausflüge zu den Brissago-Inseln (19 sFr.), nach Luino (20 sFr.), nach Intra (23 sFr.).

Ziele in der Umgebung

Arcegno (F 1): Auch zu Fuß erreichbar über den Sentiero delle Betulle (Birkenpfad, vom Parco Parsifal auf dem Monte Verità ca. 1 Std.). In der Kirche S. Antonio Abate aus dem 14. Jh., die aber im 17. und 18. Jh. völlig umgebaut wurde, sind Fragmente mittelalterlicher

Die Piazza Giuseppe Motta in Ascona liegt direkt an der von Bäumen gesäumten Uferpromenade.

Fresken zu sehen. Zur Einkehr bietet sich z. B. das ›Grotto Lauro‹ an (Tel. 0 91 7 91 42 96).

Naturlehrpfad Collina di Maia: Zwischen Arcegno und Losone liefern 13 Beobachtungs- und Informationsstationen Wissenswertes zu Flora und Fauna.

Porto Ronco (F 2): Hotels und Restaurants säumen auch hier die Uferstraße des südlich von Ascona gelegenen Ortes. Den Hang hinauf klettern die Ferienhäuser. **Ronco**, oberhalb von Porto Ronco, ist auch zu Fuß über den *sentiero alto* in ca. 1 Std. 30 Min vom Monte Verità in Ascona aus erreichbar. Der Blick auf den Lago und der alte Dorfkern sind so bezaubernd, dass vor allem viele Deutsche hier ihre Residenzen gebaut haben.

Neben der kleinen Kirche steht das Geburtshaus des Malers Antonio Ciseri (19. Jh.), dessen Werken man in vielen Tessiner Kirchen begegnet. Auf dem Friedhof von Ronco in Richtung Arcegno ist das Grab von Erich Maria Remarque, dem Autor von ›Im Westen nichts Neues‹.

Man kann auch über die Via Barcone bis nach Brissago wandern (1 Std. 30 Min.) und mit dem Schiff über die Brissago-Inseln (Extra-Tour 2, S. 111) zurück nach Ascona fahren.

Täler um Locarno: Diese Gegend bietet unendlich viele Möglichkeiten für Ausflüge, Wanderungen und Badevergnügen, s. S. 82 ff.

Baveno (I) (C 6)

Die Legende erzählt, dass der hl. Carlo Borromeo hier bei Baveno (4 500 Einw.) den berühmten rosafarbenen Granit entdeckt habe, der z. B. zum Bau der Galleria Vittorio Emanuele in Mailand verwendet wurde. Die industrielle Be- und Verarbeitung begann allerdings erst Anfang des 19. Jh. Zu dieser Zeit entwickelte sich Baveno auch zu einem beliebten Kurort, der in der Villa Henfrey, heute eine Bank, schon königliche Kundschaft wie Queen Viktoria und den deutschen Kronprinzen Friedrich beherbergte. Der winzige Ort Feriolo gehört zu Baveno. Er grenzt an die Piana del Toce. An der Seepromenade reihen sich kleine Lokale und Geschäfte, die vor allem von den Gästen der nahen Campingplätze besucht werden.

Sehenswert

Gervasio e Protasio: Via della Chiesa, gewöhnlich 8–18.30 Uhr.
In der umgestalteten Pfarrkirche (5. Jh.) in der Dorfmitte gingen die Ausstattungen früherer Epochen bedauerlicherweise verloren. Bewahrt blieben aber die romanische Fassade mit römischen Inschriften, der noch ältere Glockenturm und die Renaissancefresken. Das oktagonale Baptisterium wurde im 17. Jh. um eine Vorhalle erweitert.

Sport & Strände

Circolo del Bridge: Via Partigiani, 11, Tel. 03 23 92 45 16, Di, Do, Sa 21–24 Uhr und So 16–19 Uhr geöffnet.
Der Bridgeclub existiert seit Jahren. Fast alle Clubmitglieder sprechen Englisch und/oder Französisch.

La dolce Vita: Via Piave, 66, Tel. 33 39 40 71 07, 9–1 Uhr.
Junges Publikum. Tagsüber kann man hier baden, abends eine Kleinigkeit essen und am Wochenende gibt es oft Livemusik.

Einkaufen

Markt, Via 17 Martiri, Mo 8–12 Uhr. Juli/Aug. findet Sa 17–24 Uhr ein **Flohmarkt** in der Via Montegrappa statt. Jeden Mi 17–24 Uhr wird auf der Piazza Dante ein **Markt für Kunsthandwerk** veranstaltet.

Ausgehen

Noir Café: Via Piave, 1, 17.30–1 Uhr, Mo geschl. Mi abends gibt es meistens Life-Jazzmusik.
Zu gutem Wein kann man Käse und Wurstplatten aus den umliegenden Tälern bestellen.
Il Maresciallo: S.S. Sempione, 2, (Eingang von der Via Milanese), So–Di, Do 18–2, Fr–Sa 18–3 Uhr.
Hier trifft man sich abends. Die Bilder an den Wänden erzählen von den Zeiten, als man draußen sitzen konnte, ohne von Autos wegrasiert zu werden. Dank der Holzdecke wirkt die Kneipe gemütlich und klein. Es gibt Bier, *panini*, *bruschette* und ein bunt gemischtes Publikum.

Feste & Unterhaltung

Festival Umberto Giordano: Auch Baveno hat seit einigen Jahren sein eigenes Festival für klassische Musik in der ersten Julihälfte, Info Tel. 03 23 92 46 32.

Touristeninformation: Piazza Dante, 14, Tel. 03 23 92 46 32, April–Sept. Mo–Sa 9–12.30, 15–18, So 9–12; Okt.–Feb. Mo–Mi, Fr 9–14, Do 9–12.30, 14–18.30, Sa 9–12.30; März Mo–Fr 9–12.30, 15–18, Sa 9–12.30 Uhr.

La Ripa: S.S. Sempione, 11, Tel. 03 23 92 45 89, Fax 03 23 91 62 66, www.laripahotel.com
In schöner Lage direkt am See mit Garten, Strand und Blick auf die Inseln. Das Hotel ist schlicht, aber liebevoll eingerichtet. DZ ohne Bad 58/65 mit Bad 75/80 €.
Azalea Meublé Residence: Via Domo, 6, Tel. 03 23 92 43 00, Fax 03 23 92 20 65, www.villaazalea.com. DZ 72/78 €, Frühstück 6 €.
Das Hotel direkt neben der Kirche bietet 27 Zimmer und diverse Wohnungen. Kleines Schwimmbad und Garage.
Hotel Rigoli: Via Piave, 48, Tel. 03 23 92 47 56, Fax 03 23 92 51 56, www.hotelrigoli.com.
Das Haus mit 30 Zimmern liegt am See und hat einen eigenen, kleinen Strand. Helle Zimmer mit Parkett. Morgens: Frühstücksbuffet; mittags und abends: u. a. Seefisch im Restaurant. DZ 100/110 €. In der hoteleigenen Residence Ortensia stehen in einer Villa vom Anfang des 20. Jh. sieben Wohnungen (2–5 Pers.) zur Verfügung. 70/130 €.
Lido Palace Hotel: S.S. Sempione, 30, Tel. 03 23 92 44 44, www.lidopalace.com.
Winston Churchill was here … – auf seiner Hochzeitsreise. In dem großen, alten Hotel mit schönem Park, Schwimmbad, Tennisplätzen, Billard, Fitnesscenter, Strand und Ausblick auf die Inseln fühlt man sich in die Belle Époque versetzt. DZ 180/376 €.

Il Batello del Golfo: S. S. Sempione, Ortsteil Feriolo, Tel./Fax 03 23 281 22, Di geschl.
In diesem alten Linienschiff vom Comer See – mit Motorbootanlegestelle – hat man ein elegantes Restaurant für romantische Abende eingerichtet. Aus den Bullaugen blickt man auf Feriolo und die Inseln. Raffinierte Küche und gute Weinkarte. Ca. 60 €.

Bahn: Piazza Stazione, Tel. 03 23 92 45 23; nach Mailand und Domodossola–Simplon.
Busse: Verbindungen nach Intra und Dormeletto mit ›Nerini‹ sowie nach Novara und Domodossola mit den ›Autolinee Novaresi Interregionali‹.
Schiffe: NLM-Anlegestelle, Piazza 4 Novembre, Tel. 03 23 92 35 52.

Ziele in der Umgebung

Wie von Stresa und Arona führt der Weg auch von Baveno aus in den Vergante und auf den Mottarone.

Monte Camoscio: Man hat einen prachtvollen Blick auf den See. (Die Granitbrüche darf man leider nicht besichtigen.) Beim Fremdenverkehrsverein bekommt man eine Karte mit schönen Wanderwegen.

Belgirate (I) (D 8)

Belgirate (500 Einw.) liegt an einem sonnenbeschienenen Uferfleckchen mit weiter Sicht über den See. Diesen ersten touristischen Ort am Lago beschrieb bereits Stendhal in seiner »Karthause von Parma« als »Village Charmant«. Hier nächtigten so berühmte Gäste wie Manzoni, Gozzano, Garibaldi, Verga, De Amicis und Cairoli. Große Patriziervillen mit schönen Parks stehen am Sempione. Den Hang schlängeln sich Gässchen mit Laubengängen hinauf. Der Ortsteil La Sacca ist bei Seglern für seine Werft bekannt. 1858 fanden hier die ersten Segelwettbewerbe statt.

Sport & Strände

Centro Nautico di Servizi Polaris: Segelschule, Tel. 03 22 75 47, 34 85 82 63 83. www.lagovela.com

Man kann Segel- (90/140/250 €/Tag/Typ) und Motorboote (100 € für 2 Std., 140 €/Tag plus Benzinkosten) mieten. Es gibt auch Liegeplätze für Boote.

Villa Carlotta: S.S. Sempione, 121/125, Tel. 032 27 64 61, 032 27 76 96, Fax 032 27 67 05, www. bestwestern.it/villacarlotta vb. Sehr elegante Zimmer und Suiten, große Kongressräume. Beheizter Pool in einem ruhigen Winkel des Parks. Im feinen Restaurant der Villa aus dem 19. Jh. speist man ›comme il faut‹. DZ mit Frühstück 101/171 €.

Hostaria Del Parco: Via Mazzini, 11, Tel. 34 79 31 38 39. Nur in den Sommermonaten.

Kleine Pavillon-Bar mit Tresen. Man sitzt im Garten mit Seeblick, während die Kinder auf dem Spielplatz toben. Der ehemalige Schiffskoch Andrea bietet *panini* und diverse Leckereien. Dazu gibt es Cocktails und Long Drinks.

Bahn: Züge nach Mailand und Domodossola.

Busse: Nach Intra und Dormelletto mit ›Nerini‹, nach Novara und Domodossola mit den ›Autolinee Novaresi‹.

Schiff: Anlegestelle der NLM.

Ziele in der Umgebung

Die Straße, die von Belgirate in weiten Kurven durch Obstwiesen und Weinberge nach Comnago führt, bietet immer wieder schöne Ausblicke.

Brissago (CH) (F 2)

Über viele Jahrhunderte genoss Brissago (2 000 Einw.) eine Sonderstellung im Kräftespiel der unterschiedlichsten Herrscher. Seit dem Mittelalter konnte es als unabhängige Republik bis 1798 seine Sonderrechte erhalten. Ein besonderer Ruf eilt den handgedrehten Brissago-Zigarren voraus, die hier bereits seit 1847 in einer Fabrik hergestellt werden. (Besichtigung nach Anmeldung beim Fremdenverkehrsamt, s. S. 54).

Schön ist leider nur noch ein Teil der Seepromenade mit alten Bürgerhäusern. Ansonsten ist Brissago nur das Sprungbrett zu den berühmten Inseln. Der obere Ort besteht aus drei Bergrippen *(costa)*. Der Hang auch hier stark verbaut, denn die geschützte Lage – der Monte Gridone hält kalte Winde ab – lockte viele Fremde hierher.

Sehenswert

SS. Pietro e Paolo: Dorfmitte.
Die Renaissancekirche steht zwischen 600 Jahre alten Zypressen auf einer Terrasse über dem See.

S. Maria del Ponte: Südende von Brissago.
Direkt am See steht die sehr harmonische, bramanteske Renaissancekirche, errichtet von den Baumeistern Giovanni und Pietro Beretta.

Highlight 3

Isole di Brissago: Auskünfte über Ausflüge unter Tel. 0 91 7 91 43 61 oder beim Fremdenverkehrsamt.
Von den zwei kleinen, seit dem Wegziehen der Mönche im 16. Jh. unbewohnten Brissago-Inseln ist nur die größere öffentlich zugänglich: Auf **S. Pancrazio** kann man einen prächtigen botanischen Garten besichtigen, der sich seit 1949 im Besitz des Kantons Ticino befindet (Extra-Tour 2, s. S. 111). Auf der kleineren Insel, S. Apollinaire, stehen nur Reste einer romanischen Kirche.

Ente Turistico: Via Leoncavallo, Tel. 0 91 7 91 00 91, Fax 0 91 7 85 19 41, Mo–Fr 8–12, 14–18, Sa 8–12, Nov.–März Di–Fr 14–17.30, sa 9.30–12.30 Uhr.

Hotel Mirto au Lac: Via Debarcadero, Tel. 0 91 7 93 13 28, Fax 0 91 7 93 13 33, www.hotel-mirto.ch, DZ mit Frühstück 280 sFr.
Direkt am See mit 25, jeweils anders eingerichteten Zimmern und Schwimmbad auf dem Dach.

Busse: Verbindungen nach Ascona und Locarno.
Schiffe: Anlegestelle der NLM.

Cannero Riviera (I) (E 4)

Als ›Riviera‹ wird diese besonders geschützte, nach Süden ausgerichtete Bucht beschrieben, in der Zitronen, Orangen und Bougainvilleen selbst im Winter gedeihen. Denn der kleine Ort (1 200 Einw.), der von der Hauptstraße verschont wird, wahrte über die Jahrhunderte mit engen Gassen, Laubengängen und kleinen Geschäften seinen romantischen Charakter.

Nicht weit davon entfernt liegen drei kleine Inseln mit geheimnisumwobenen Ruinen: In den Castelli di Malpaga hausten im 15. Jh. die Brüder Mazzarditi, denen ein wüstes Piratenleben nachgesagt wird. 1414 ließ man sie hinrichten und das Schloss schleifen. Auch vom später hier aufgebauten Borromeo-Schloss blieb nur noch eine Ruine. Man kann sie nur mit kleinen Privatbooten erreichen.

Cannero hat einen schönen Badestrand, der im Sommer viele Gäste anzieht.

Feste & Unterhaltung

Alljährlich findet hier in Cannero Ende März eine **internationale Kamelienausstellung** statt.

Pro Cannero: Via Orsi, 1, Tel. 03 23 78 89 43, www.cannero.com, Juli/Aug. Mo–So 10–12, 16–19, Okt.–April 10–12, 15.30–18 Uhr, So nachmittag geschl.

La Rondinella: Via Sacchetti, 50, Tel. 03 23 78 80 98, Fax 03 23 78 83 65, hrondine@tin.it, www.hotel-la-rondinella.it.
Familiengeeignetes, freundliches Hotel mit 13 Zimmern und drei netten Apartments. Abends gibt es für Gäste ein Buffet. DZ 83/104 €.
Albergo Ristorante Il Cortile: Via M. d'Azeglio, 73, Tel./Fax 03 23 78 72 13, www.cortile.net, cortilecannero@libero.it.
Neu eröffnetes Restaurant und Hotel unter Schweizer Führung. Man speist gehobene italienische Küche in gemütlichen, mit warmen rot-gelb Tönen gestalteten Räumen oder im ruhigen Innenhof. Ca. 40 €. Zwei der insgesamt neun Zimmer mit Cottoböden und Holzdecken sind behindertengerecht. DZ 100 €.
Albergo Sole: Via Nuova per Cassino, 6, Tel./Fax 03 23 78 81 50, www.albergosole.it, christina@albergosole.it. DZ 27/30 €.
Das Hotel in Familienbesitz oberhalb der Seestraße südlich von Cannero bietet 15 einfache Zimmer mit Bad und Frühstück.

Cà Bianca: Via Casali, 1 (an der Hauptstraße zwischen Cannero und Cannobio), Tel. 03 23 78 80 38, Mi geschl., ca. 25 €.
Man sitzt draußen besonders schön direkt am Wasser mit Blick auf die Burgruinen der Castelli di Cannero, speist hausgemachte Pasta sowie Fische aus dem See.

Busse: ›CON.SER.V.C.O.‹ fährt stündlich nach Intra und Cannobio, nach Brissago alle 2 Std. bis 19 Uhr.
Schiffe: Anlegestelle der NLM.
Nuovo Servizio Batellino Taxi: bietet Taxibootfahrten und -ausflüge. Info Tel. 03 23 78 81 84, 33 98 34 33 22, www.taxibanano.com

Cannobio (I) (F 3)

Zuerst von Kelten und Leopontinern besiedelt (1 000 v. Chr.), war der malerische Flecken später römische Station. Schon früh avancierte Cannobio (5 000 Einw.) zu einer wichtigen Handelsstadt. Der erste gleichermaßen belebte wie beliebte Ort hinter der Schweizer Grenze gibt einem sofort das Gefühl, in Italien zu sein: Geschäfte säumen die engen, grob gepflasterten Gassen, die zum See hinunterführen. Eine lange Promenade mit Restaurants und Cafés säumt das Ufer und lädt zum Verweilsen ein. Die Patrizierhäuser aus dem 16. und 17. Jh. zeugen von der reichen Vergangenheit Cannobios.

Sehenswert

Palazzo della Ragione: Das Rathaus aus dem 13. Jh., »Parrasio« genannt, zeugt von der machtpolitisch bedeutenden Position Cannobios im Mittelalter, als es eine Selbstverwaltung besaß.
S. Pietà: Viale delle Rimembranze. Die Renaissancekirche am Ufer ließ Carlo Borromeo um das wundertätige Bild einer Pietà mit Blut weinender Madonna errichten. Über dem Altar hängt ein Bild vom großen piemontesischen Maler Gaudenzio Ferrari, das Christus auf dem Kreuzweg darstellt.

Sport & Strände

Wie überall rund um den Lago kann man auch hier herrlich wandern und Rad fahren.
Mountain-Bikes und Rennräder vermietet: Cicliprezan Via Veneto, 9, Tel. 03 23 7 12 30, 1 Std. 3 €, Tag 11 €.

Hafenpromenade von Cannobio mit zahlreichen Einkehrmöglichkeiten

Wassersport-Zentrum Tomaso Sail & Surf: Lido di Cannobio, Tel.032 37 22 14, mobil 33 37 00 02 91, www.tomaso.com, Windsurf- und Segelkurse. Man kann Boote und Zubehör mieten.

Einkaufen

Im Juli und Aug. wird am Do Abend ein **Antiquitätenmarkt** in den Altstadtgassen abgehalten.

Enoteca Casa Bava dal 1901: Piazza 27/28 Maggio, 8, www.casabava.com
Schöne, alte Weinhandlung mit einer Auswahl der besten italienischen Etiketten, auch von kleineren, wenig bekannten Produzenten.

Viale Vittorio Veneto, 4, 28052 Cannobio,Tel. 032 37 12 12, www.cannobio.net, April–Sept. Mo–Sa 9–12, 16.30–19, So 9–12 Uhr, Okt.–März Do geschl.

Antica Stallera: Via Zaccheo, 7, Tel. 032 37 15 95, Fax 032 37 22 01, DZ mit Frühstück 87 €. Nettes, zentral gelegenes Hotel in einem alten Gebäude, mit Restaurant im Erdgeschoss und Garten (Menü 28 €).

Sonntagsmarkt in Cannobio

Beim Sonntagsmarkt an der Seepromenade werden viele verlockende Lebensmittel angeboten. Besonders empfehlenswert sind die Stände mit allerlei Sorten Käse aus den Tälern.

Hotel Pironi: Via G. Marconi, 35, Tel. 032 37 06 24, 032 37 08 71, Fax 032 37 21 84, hotel.pironi@cannobio.net, www.pironihotel.it, DZ mit Frühstück 115/140 €.
Schönes Haus (15. Jh.) mitten in der Stadt, zwei Schritte vom See.

Del Lago: im Ortsteil Carmine gelegen, Via Nazionale, 2, Tel. 032 37 05 95, Di/Mi mittags geschl. Exklusives Restaurant, Spezialität Fisch, aber auch Perlhuhn und andere Köstlickeiten. Ca. 85 € (auch Hotelzimmer).

Busse: mit ›CON.SER.V.C.O‹ stündlich nach Intra, alle 2 Std. bis 19 Uhr nach Brissago.
Schiffe: Anlegestelle der NLM.

Ziele in der Umgebung

Carmine Superiore (F 4): Das heute unbewohnte, malerische Dorf (305 m) mit der romanisch-gotischen Kirche S. Gottardo ist als einziges am Lago Maggiore so kühn auf einen steilen Felsen gebaut, dass seine Häuserwand wie eine befestigte Mauer aussieht. Den schönen Blick auf den See kann man nur per Fußmarsch (etwa 15 Min.) genießen oder auf dem bequemen Höhenweg, der von Cannobio über Carmine Superiore nach Cannero führt.

Die grüne Valle Cannobina (D/E 3) bietet verschiedene Wandermöglichkeiten. Gleich am Anfang des Tals zwängt sich zwischen steilen Felswänden der Fluss Cannobino durch die Schlucht der hl. Anna. Diese kleine Schlucht mit vielen metamorphen Felsen, die sich in über 300 Millionen Jahren gebildet haben, ist ein Paradies für Geologen. Hier

steht die kleine, kürzlich restaurierte Kirche S. Anna, die eine Holzorgel aus dem 17. Jh. birgt. Hinter der Kirche lockt das Grotto Sant'Anna, Tel. 03 23 7 06 82, Mitte Okt. bis Feb. und Mo geschl. Vor allem an heißen Sommertagen sitzt man angenehm kühl an Steintischen und speist z. B. *gnocchi* mit Kürbiskreme, *amaretti* und Parmesan. Preis ca. 35 €.
Dann öffnet sich das sonnige Tal. Kleine Orte, die über steile Straßen erreichbar sind, liegen am Hang.

An der Talstraße gibt es diverse Möglichkeiten einzukehren: Gleich hinter Cannobio liegt das frisch renovierte **Antico Sempione** (vor allem im Winter sehr zu empfehlen, Tel. 03 23 7 19 20), dann kommt die **Osteria Vino Divino,** wo man bei gutem Wetter unter Schatten spendenden Bäumen und bei schlechtem Wetter in einem schönen Saal speisen kann. Unterhalb liegt der ruhige und schattige **Campingplatz Valle Romantica** (Tel. 03 23 7 12 49, Fax 03 23 7 13 60). Drei Kilometer weiter findet man rechts an der Straße das **Mulini del Mater,** dessen Koch mit Fantasie und Kräutern für maximal 24 Personen Mahlzeiten zubereitet (vorbestellen!, Tel. 03 237 72 90).

Gurro (D 3): Etwa 20 km von Cannobio; im Sommer fährt tgl. zweimal ein Bus nach Finero mit Halt in Gurro. Das Nest liegt hoch oben in der Val Canobbina. Man erzählt, dass sich im 16. Jh. eine von Franz I. besoldete schottische Truppe nach der verlorenen Schlacht von Pavia hierher gerettet habe und sesshaft geworden sei, weil die Landschaft den heimischen Highlands ähnelte. In den 1970er Jahren tauchte dann ein Schotte in dem kleinen Ort auf, der behauptete, hier endlich den verlorenen Zweig seines Clans wiedergefunden zu haben. Die älteren Frauen tragen immer noch Trachten und singen Lieder mit angeblich schottischen Melodien … Es gibt ein Museum mit Trachten und Traditionen und eine Folkloregruppe ›il Cardo‹. Infos gibt die ›Scotch Bar‹.

Valle Vigezzo: 10 km oberhalb von Gurro, bereits in der Valle Vigezzo – die ital. Seite der Centovalli –, liegt Finero (C 2) als Tor zum Tal der Schornsteinfeger. In Malesco (C 2) treffen sich jedes Jahr Amtsbrüder aus halb Europa, und in **S. Maria Maggiore** (s. Umgebungskarte) befindet sich das Museum der Kaminkehrer. Info: www.vallevigezzo.vb.it.

Ein beliebter, doch recht weiter Ausflug führt von der Valle Cannobino über die Val Vigezzo in die Val Formazza zur **Cascata del Toce:** Von Juni bis Sep. So von 9–18.30, Di u. Do von 11–13 Uhr und in der Ferragosto-Woche (um den 15. Aug.) wird jeden Tag von 9–18 Uhr der Staudamm geöffnet, so dass man kann den tosenden Wasserfall bewundern kann. Info Tel. 032 24 61 88 31 oder 032 46 30 59.

Castelveccana (I) (E 6)

Caldè ist eine der vielen kleineren Ortschaften, die zur Gemeinde Castelveccana gehören. Es liegt unterhalb eines imposanten Felsvorsprungs und bietet eine schöne Seepromenade. Auch hier thronte einst ein Visconti-Schloss, das 1523 von den Schweizern zerstört wurde. Auf einer Anhöhe über dem Dorf steht auf einer Wiese ein unbedeutendes Kirchlein, von dem man aber einen wunderbaren Blick auf den kleinen Hafen, die weite Bucht und das dahinter liegende Dörfchen mit seinen engen Gassen hat.

Sehenswert

San Giorgio: beim Friedhof im Ortsteil Sarigo.
Die kleine romanische Kirche aus dem 12. Jh. wurde im 17. Jh. um ein zweites Schiff erweitert. Ungewöhnlich sind der Glockenturm sowie die dezentrierte Apsis. Beim Pfarrer von Porto Valtravaglia kann man den Schlüssel zur Kirche erbitten.

Sport & Strände

Am weiten Strand stehen Badeverbotsschilder, da der See gleich sehr tief wird. Doch nördlich von Caldè gibt es viele Bademöglichkeiten.

Azienda Agrituristica Tschang: Via per Pira Pianeggi, 9/11, Nasca Castelveccana, Tel. 03 32 52 08 65, Handy 33 58 24 42 82, www.agriturismocelestino.it.
Ganzjährig geöffnet.
Auf Vorbestellung Fr/Sa Abend sowie So Mittag Essen. Menü (alles inklusive): 19,50 €. Hier werden Ferienwochen auch mit Reitkursen für Kinder ab 7 Jahren angeboten.

Bahn: Piazza Stazione; Züge nach Luino und Mailand.
Busse: nach Laveno und Luino.
Schiffe: nächste Anlegestelle der NLM in Porto Valtravaglia, s. S. 94.

Cerro (I) (D7)

1927 wurde Cerro der Gemeinde Laveno einverleibt, doch die kleine Stadt hat ihren eigenen Charakter bewahrt. Der besonders schöne Blick auf den Golfo Borromeo und Stresa hat viele Mailänder bezaubert und dazu angeregt, hier ihre Villen zu bauen. Mitten im kleinen Ort am See mit einer Promenade und einem Strand steht der Palazzo Perabò (16. Jh.) mit seiner interessanten Keramiksammlung, die an die wichtigste Produktion der Gegend erinnert.

Sehenswert

Keramikmuseum: Via Perabò, 5, Di–Do 14.30–17.30 Uhr, Juli/Aug. 15.30–18.30, Fr–So auch 10–12 Uhr. Eintritt: 2 € ,10- bis 17-Jährige und über-60-Jährige 1 €.
Ausstellung über die lokale Keramikproduktion von 1895 bis 1960. Auch wechselnde Ausstellungen (Extra-Tour 3, s. S. 113).

Nuova Croce Bianca: Via Pescatori, 2, Tel./Fax 03 32 66 83 42
Ruhig gelegenes Haus direkt neben dem Keramikmuseum. Sechs einfache Zimmer mit Bad (zwei mit Balkon zum See), DZ 68 €.
Im Restaurant sitzt man nett. (Leider gibt es draußen nur sehr wenige Plätze.) Empfehlenswert sind vor allem die Antipasti ca. 25 €.

Fondotoce (I) (C 6)

Fondotoce gehört zur Verbania und liegt am Ende der *piana del Toce* – einer kleinen, vom Fluss geschaffenen Schwemmlandebene, die einen ganz eigenen Charakter hat. Hier dehnt sich ein Naturschutzgebiet mit seltenen Pflanzen aus, wie z. B. der endemischen Wassernuss. In dieser Schwemmlandebene befinden sich große Campingplätze unter Schatten spendenden Pappeln. Der weite Strand ist auch besonders für Kinder geeignet. Man kann den kleinen Park ›Fattoria con Animali‹ mit Haus- und Hoftieren, vor allem zahlreichen Kaninchenrassen, zwischen Kamelien und

Rhododendren besichtigen. Via Per Feriolo, Tel. 03 23 40 40 89, März bis Okt Di–So 9–12, 14–18 Uhr Eintritt: Erw 3, Ki 1 €.

Mergozzo (B 5): Der Bus von Intra nach Domodossola fährt über Fondotoce und Mergozzo. Das alte, enge Felssteindorf liegt sehr malerisch eingebettet zwischen den grün bewachsenen Bergen und dem gleichnamigen See. Hier kann man campen, sich in einem Hotel einnisten, eine Kajakschule besuchen und baden. Auch Windsurfing ist möglich, wenn nicht der ›Mergozzo‹ bläst, ein auch auf dem Lago Maggiore sehr gefürchteter Wind. Gut erhalten ist die romanische Kapelle S. Marta aus dem 11. Jh.

Wenige Kilometer hinter Mergozzo liegt Candoglia. Aus seinem Berg wurde seit jeher der Marmor für den Mailänder Dom gebrochen. Auch heute dient er noch für Restaurierungsarbeiten des Doms. Seit dem 14. Jh. bis zur Mitte des 20. Jh. wurde der Marmor über den Fluss Toce, den Lago Maggiore, den Fluss Ticino und ab Pavia über den Kanal Naviglio direkt bis in die Stadt befördert.

Lago di Mergozzo

Wer abseits des Gewimmels und dennoch voll dabei sein möchte, kann am kleinen, ruhigen, sauberen Lago di Mergozzo, dessen Hang nicht zersiedelt ist, wohnen. (Er liegt etwa 2 km von Fondotoce entfernt). Ehemals mit dem Lago Maggiore verbunden, wurde der See durch angeschwemmte Geröllmassen des Toce im 9. Jh. von ihm getrennt. Eine Nekropole zeugt vom Leben im 1. Jh. n. Chr.

Einkaufen

La Pesa: Via per Feriolo, 59, Tel./Fax 03 23 49 64 90, www.lapesa.net, Di–Sa 8.30–12, 15.30–20, So und Feiertage 9–12.30, 15.30–20 Uhr.
An der Straße zwischen Feriolo und Fondotoce liegt dieser neue Gourmet-Laden, der Parmesankäse und eine Auswahl an Aceto Balsamico nebst Weinen aus dem Piemont und Käse- und Wurstwaren aus der Region zu interessanten Preisen bietet.

Piccolo Lago: Adresse s. Restaurant, DZ 80 €. Es gibt kein Frühstück. Bar am Strand.

Piccolo Lago: Via Turati,7, Lago di Mergozzo, Tel. 03 23 58 67 92, Fax 03 23 58 67 91, www.piccololago.it, piccololago@stresa.net.
Das Restaurant, das auch Hotel ist, bietet raffinierte, liebevoll zubereitete Gerichte. Viel Fisch und gute (auch ausländische) Weinauswahl. Menüs zu 55 € (Fleisch), 60 € (Fisch), à la carte auch weniger.

Bahn: Bahnhof Verbania (s. S. 103).
Busse: mit ›Nerini‹ nach Intra u. Arona.

Ziele in der Umgebung

Trattoria Belvedere: Mont' Orfano, Tel. 03 23 8 01 34, Mi abends u. Do geschl. Hier kann man sich nach der Besichtigung stärken.
Einfache Gerichte und gute Weine. Reservierung empfohlen, ca. 15–20 €.

Unterhalb von Mont'Orfano kann man auf dem ausgeschilderten Sentiero Azzurro um den Lago di Mergozzo wandern. An schönen Tagen lohnt es sich, auch den Berggipfel (794 m) zu erklimmen, von wo sich ein prächtiger Blick auf

Zeuge christlicher Vergangenheit: S. Giovanni in Mont' Orfano

die Seen und die Flussmündungen des Strona in den Toce und des Toce in den Lago Maggiore bietet (etwa 2 Std.). Der Aufstieg beginnt hinter Prato Michelaccio auf einer alten Militärstraße aus dem Ersten Weltkrieg, die gegenüber von der neuen Müllverbrennungsanlage am Toce nach Mergozzo führt.

Mont' Orfano

Ein schöner kurzer Ausflug führt nach Mont' Orfano, wo man Kunst und Natur mit einem guten Mahl verbinden kann. Ein kurviges Sträßlein führt zu diesem Ort auf dem gleichnamigen Berg, der wie ein *panettone* zwischen dem Fluss Toce und dem Lago di Mergozzo liegt. Hier steht die fast vollkommen erhaltene romanische Kirche S. Giovanni aus dem 11. Jh. mit einem frühchristlichen Taufbecken. Man sollte die wunderbare Stille genießen, die einen an diesem Ort umgibt.

Gambarogno (CH) (G/H 2)

Gambarogno heißt der schmale östliche, etwa 10 km lange Küstenstreifen hinter dem gleichnamigen Berg bis zur italienischen Grenze. Kleine Orte säumen das Ufer mit schönen Stränden und die dahinter liegenden Weinhänge ranken sich zu den am Hügel liegenden Orten hoch. Der historische Hauptort Vira mit seinen 600 Einwohnern war schon zu Etruskerzeiten besiedelt und früher ein Seehafen mit Zollrecht. Jedes Jahr in der Weihnachtszeit werden in den engen Gassen Viras nachts beleuchtete Krippen ausgestellt.

Sehenswert

Fondazione Bolle di Magadino: Tel. 0 91 7 95 31 15, www.bolledimagadino.com.
Am Ende der weiten Ebene des Ticino-Deltas, das viele kleine stehende Gewässer bildet, befindet sich das Naturschutzgebiet ›Bolle di Magadino‹, in dem heute mehr als 300 Vogelarten ihr ideales Habitat gefunden haben. Selbstständige Erkundung auf Lehrpfaden oder geführte Besichtigungen nach Voranmeldung.

Parco Botanico del Gambarogno: Zwischen Piazzogna und Vairano, Tel. 0 91 7 95 18 67, www.parcobotanico.ch, tgl. 9–19 Uhr.
Es gibt Kamelien und Magnolien (März/April Ausstellung) oder heimische Pflanzen zu bewundern.

Feste & Unterhaltung

Im Juli **Orgelfestival** in der mit Fresken von Richard Seewald geschmückten Kirche S. Carlo in Magadino; www.organ-festival.ch.

Gambarogno Turismo: Vira, Tel. 0 91 7 95 18 66, Fax 0 91 7 95 33 40, www.gambarognoturismo.ch, Mo–Fr 8–12, 14–18, Juni–Okt. auch Sa 9–12, Juli/Aug. Mo–Fr 8–18.30, Sa 9–12, 15–17, So 9–12 Uhr.

Es gibt einige kleine Hotels und viele Ferienapartments. Auskunft s. Fremdenverkehrsverein.

Albergo Sass da Grum: San Nazzaro, Tel. 0 91 7 85 21 71, Fax 0 91 7 85 21 79, www.sassdagruem.ch, DZ mit Vollpension ab 260 sFr.
Nach baubiologischen Prinzipien errichtetes *albergo* (nur zu Fuß erreichbar: von Vairano oder vom Parkplatz Monti di Vairano 15 Min.). Man kann an diesem ›Ort der Kraft‹ einen Urlaub mit viel Meditation und Entspannung verbringen.

Ristorante Bellavista: Sant' Abbondio, Tel. 09 17 94 11 05.
Die »bella vista« hat man erst ein paar Schritte weiter vom Kirchplatz aus, zu dessen Füßen das Lokal liegt. Abseits von Straße und Lärm hört man nur das Rauschen des Baches und die Kirchenglocken. Im Grotto gibt es eine kleine Auswahl an kalten Tellergerichten und Pasta, die 13 bis 16 sFr. kostet.

Rodolfo: in Vira Gambarogno, Via Cantonale, Tel. 09 17 95 15 82. So geschl.
Gutbürgerliches Restaurant mit einer kühlen Sommerlaube, doch leider steht es an der Hauptstraße. Ca 60 sF.

Ziele in der Umgebung

Indemini (G/H 2/3): Postbus ab Vira, 45 Min. Eine steile Straße führt über die Alpe di Neggia in diesen abgelegenen Schweizer Ort nahe der Italienischen Grenze in der Val Vedasca. Das ›sterbende Dorf‹ war bis 1917, als die Straße nach Vira gebaut wurde, nur von Italien aus oder über steile Saumpfade erreichbar. Bis auf 30 verbleibende Einwohner haben alle das Dorf verlassen. Nur im Sommer belebt es sich richtig, wenn die kleinen, eng aneinander stehenden, grauen Steinhäuser bewohnt werden. Ein kleiner Laden verkauft regionale Spezialitäten, und ein Museum erzählt anrührend mit alten Fotos die Ortsgeschichte.

Jugendherberge Ostello La Genziana in **Indemini:** Tel. 0 91 7 95 12 22 (abends), 0 91 7 95 11 30 (Do 14.30–17.30 Uhr).
Platz für 32 Personen (Schlafsack mitbringen). 17–25 sFr. pro Person.

Berghütte in Alpetto

Von Monte di Caviano führt ein steiler Weg nach Alpetto (ca. 1.30–2 Std.) In der Berghütte ohne Wärter kann man von April bis Oktober übernachten. Es gibt 12 Plätze, eine warme Dusche, und Kochmöglichkeit. Man zahlt einfach 10 sFr. in die offene Kasse. Schlafsack mitbringen.

Centocampi (H 2): Von Scaiano, einem Ortsteil von Caviano, kann man zu Fuß auf die Monti di Caviano zu den sagenumwobenen Centocampi steigen (ca. 1 Std.). Hier stehen Häuser mit strohgedeckten Dächern, die bis zum Boden reichen.

Ritrovo di Neggia (H 2): Tel. 0 91 7 95 19 97, Fax 0 91 8 58 18 79, 35 sFr. pro Person mit Frühstück, Ostern–Okt., im Winter nur an schneereichen Wochenenden offen. Es gibt zwei kleine Skilifte.
In 1395 m Höhe liegt das Restaurant mit Herberge. Es gibt die traditionellen Tessiner Gerichte wie Schmorbraten oder Wild mit Polenta für ca. 18 sFr. Von hier kann man Wanderungen unternehmen, z. B. auf den Monte Tamaro (und evtl. weiter auf einer sehr schönen, ca. fünfstündigen Wanderung auf den Monte Lema) oder zur Alpe Foppa, wo die von dem Schweizer Stararchitekten Mario Botta entworfene Kirche S. Maria degli Angeli aus Beton mit Porphyrverkleidung dicht am Abgrund steht (fantastischer Rundblick!). Auf der Alpe Foppa fahren im Winter fünf Skilifte. Ein weiterer Weg führt auf den Monte Gambarogno.

Ghiffa (I) (E 5)

Ghiffa (2 500 Einw.), der erste Ort nach Verbania Richtung Locarno, besteht aus verschiedenen kleinen Ortsteilen, die am Hang liegen. Man kann in ruhig gelegenen Hotels wohnen und von hier aus gut alle sehenswerte Orte erreichen. Auf jeden Fall sollte man aber von hier zum Sacro Monte aufsteigen und auch das Hutmuseum besichtigen.

Sehenswert

Sacro Monte della SS. Trinità di Ghiffa: Infos unter Tel. 03 23 5 98 70. Dieser Wallfahrtsort oberhalb vom Ortsteil Ronco liegt inmitten eines 198 ha großen Naturreservats. Die Kirche und die drei Kapellen entstanden vom 17.–19. Jh. unter der Obhut der Mailänder Diözese, die mit Carlo und Federico Borromeo besonders starke und aktive Gegenreformatoren besaß (s. auch Sacro Monte d' Orta, S. 105). Heute dienen diese Orte der Besinnung, auch vielen Nicht-Pilgern. Ein Fitness-Parcours führt durch den umliegenden Wald. Auf ausgeschilderten Wegen kann man spazieren gehen. Im Restaurant SS. Trinità neben den Kapellen genießt man unter Platanen und Linden eine Stärkung und die Landschaft. (Nicht erschrecken: SS steht für Santissima!) (Tel. 03 23 5 93 00, Mi geschl.).
Museo del Cappello: Corso Belvedere, 279, April–Okt. Sa/So 15.30–18.30 Uhr oder nach Voranmeldung. Museum für Kopfschmuck in der ehemaligen Hutfabrik Panizza (Extra-Tour 3, s. S. 112).

Sport & Strände

Tauchen: Azzurra Sub Diving: Tel. 38 03 27 25 65, 33 98 32 83 83, www.azzurrasub.net, Fortbildungskurse, Di Tauchen in der Nacht.

Trattoria della Cascata: Via Nazionale, 2, Oggebbio, Tel. 03 23 4 81 65, famcogo@libero.it.
Drei einfache 2- bis 4-Bett-Zimmer und 2 Wohnungen. DZ 45/50 €. Liegt leider an der Straße. Der Besitzer Loris hat eine kleine offizielle italienische Segel- und Windsurfschule. Er bietet Segel- und Surfkurse an und vermietet kleine Segelboote und Surfbretter.
Villa Gioiosa: Corso Risorgimento, 236, Tel. 03 23 5 92 18.
Die Villa mit neun Zimmern steht in einem schönen Park oberhalb von Ghiffa. DZ 72 €. Das Restaurant mit emilianischer Küche ist zu empfehlen. Ca. 25 €.
Castello di Frino: Via Cristofero Colombo, Tel. 03 235 91 81, Fax 03 23 5 97 83, DZ mit Frühstück ca. 90 €.
www.castellodifrino.com
laforet@tis calinet.it.
Das Schloss der Familie Moriggia aus dem 16. Jh. wurde vor 30 Jahren in ein Hotel umgewandelt. Inmitten eines Parks mit Seeblick, Schwimmbad und Tennisplatz bietet es fünf Zimmer mit wundervollen antiken Möbeln. Die Räume im Erdgeschoss mit Fresken aus dem 17. Jh. dienen als Esszimmer, Bar und Aufenthaltsraum. Weitere neun einfache, moderne Zimmer gibt es im Nebengebäude.
Hotel Villa Margherita: Via G. Polli, 11, Oggebbio, Tel. 03 23 49 10 06, Fax 03 23 49 19 28. Von März bis Okt. geöffnet. www.villa-margherita.it
Ruhig gelegenes Hotel in renovierter Villa mit Garten und Schwimmbad. Bäder mit Whirlpool. Wohlerzogene Hunde erlaubt, Kinder erst ab 10 Jahren, um die Ruhe des Hauses zu garantieren. Frühstücksbuffett auch für Langschläfer von 8.30–12 Uhr.
Abends Restaurant nur nach Absprache. Die Mutter kocht. DZ 150/310 €.

Arci Circolo Amicizia Miralago: Via Miralago, 8, Tel. 03 23 5 92 98, im Winter Mo geschl.
Neben den Menüs Fleisch 20 €, Fisch 25 €, gibt's auch Gelegenheit zur Jause mit großem Wurst- oder Käseteller. Daneben sitzen die Ortsansässigen bei Wein und Kartenspiel.
Villa Gioiosa: Adresse s. Unterkunft, ca. 25 €.

Bus: ›CON.SER.V.C.O.‹ fährt etwa stündlich nach Cannobio und Intra, etwa alle 2 Std. bis 19 Uhr nach Brissago.
Schiff: Anlegestelle der NLM.

Intra (I) (D 6)

Zwischen den beiden Gebirgsflüssen San Giovanni und San Bernardino gelegen und seit 1939 der Gemeinde Verbania angeschlossen, bildet Intra das gewerbliche und industrielle Zentrum des Westufers. Schon früh entwickelte sich die Stadt zu einem Hauptumschlagplatz für Waren aller Art: Vor allem die Textilindustrie konnte hier Fuß fassen, was dem Ort im 19. Jh. den Beinamen ›Klein-Manchester‹ bescherte. Die einstige Bedeutung der Stadt lässt sich kaum mehr erahnen, aber zwischen engen Gassen wandelnd stößt man immer wieder auf Kleinode und prächtige barocke Bauten wie den Dom.

Einkaufen

Sa findet ein sehr großer **Markt** statt, der Luino Konkurrenz macht.
In der zentralen **Via S. Vittore** und den umliegenden Sträßchen findet man Geschäfte und Kaufhäuser aller Art.
Libreria Margaroli: Große Buchhandlung mit Karten und Literatur über den Lago und seine Umgebung.

Feste & Unterhaltung

Notti di Note: Im Juli am Sa Abend bis 0 Uhr. Musikgruppen in den Straßen und auf den Plätzen Intras.

Neu ist die **Arena** am See südlich vom Hafen. In diesem Amphitheater gibt es Konzerte Theater- oder Kabarettvorstellungen. Gelegentlich wird die Arena auch als Disko genutzt.

Piazzale Flaim, Tel. 03 23 40 13 75, Ostern–Sept., sonst in Pallanza, s. S. 94.

Il Monterosso Agriturismo: Località Cima Monterosso, Tel. 03 23 55 65 10, 03 23 55 15 78, Fax 03 23 51 97 06, ilmonterosso@iol.it www.paginegialle.it/ristorovb DZ ca. 65 €. Januar geschl., Restaurant: Mo/Di geschl. außer für Übernachtungsgäste nach Absprache. Sehr schön auf dem Gipfel des Hügels Monte Rosso (693 m) gelegen, Traumblick, 15 Zimmer mit Bad. Ausritte zu Pferd sind möglich; man muss vorbuchen. Wer ein eigenes Ross hat, kann es hier für etwa 210 € im Monat unterstellen. Sa und So besuchen viele Einheimische aus der Umgebung den Hof, um zu essen und zu feiern. Alles wird selbst zubereitet! Menü 17,50 € ohne Nachtisch und Getränke.

Il Chiostro: Via Fratelli Cervi, 14, Tel. 03 23 40 40 77, Fax 03 23 40 12 31, www.chiostrovb.it, chiostrovb@libero.it, DZ 63/89 €. Von Priestern freundlich geführtes Hotel mit 100 Zimmern in einem ehemaligen Kloster. Sehr geeignet für Gruppen und Familien. Im Restaurant Tagesmenü für 11,50 €.

La Latteria: Piazza San Rocco, 20, Tel. 03 23 5 34 47 So mittags und Mi geschl. Ca. 25/30 €. Im Winter sehr eng, im Sommer sitzt

Markt in Intra: Gemüse und Früchte in Hülle und Fülle

man auch draußen. Steckenpferd dieses Lokals ist der Käse in vielen Variationen, doch es gibt auch sonst noch Gutes und eine interessante Weinauswahl.

Osteria del Castello: Piazza Castello, 9, Tel. 03 23 51 65 79, So geschl., 25/30 €.

An einer kleinen Piazza nahe der Landungsstelle sitzt man entweder draußen an Steintischen oder in Räumen, die mit Flaschen und alten Fotos dekoriert sind. Große Weinauswahl, gute Käse- und Wurstteller sowie andere Gerichte.

Il Chiostro und Il Monterosso Agriturismo s. Unterkunft.

Bahn: Bahnhof Verbania, s. S. 103.

Busse: ›ASPAN‹, Via Olanda, Tel. 03 23 55 66 33. Städtischer Bus, der Intra mit dem Bahnhof verbindet. Busverkehrsknotenpunkt und Endstation vieler Linien. Es fahren Busse der »CON.SER.-V.C.O.« nach Omegna, Premeno und Piancavallo, Domodossola, Brissago, Locarno, Busse von »Nerini« nach Arona. Haltestelle Corso Mameli: gegenüber von der alten Schiffsanlegestelle.

Schiffe: Piazzale Flaim, Tel. 03 23 40 23 21. Fährdienst im 20-Min.-Takt mit Laveno, häufige Verbindung nach Stresa.

Preise: Auto unter 4,5 m Länge mit Fahrer 6,60 €, darüber 8,80 €, jede weitere Person 1,90 €; Hin- und Rückfahrt Intra –Stresa mit Borromeo-Inseln 10 €.

Ziele in der Umgebung

Val Grande (C 4/5): Extra-Tour 5, s. S. 116. Cicogna ist der letzte Ort (720 m), der mit dem Auto (40 Min.) auf einer kurvenreichen Straße zu erreichen ist. Früher arbeiteten viele Holzfäller in diesen rauen Bergen. Das Holz reiste über Flüsse in den Lago, von da auf dem Ticino bis Pavia und weiter über den *naviglio* bis Mailand. In den 60er Jahren des 20. Jh. verließen viele Bewohner ihre Häuser.

Premeno (D 5): Oberhalb von Intra liegt diese beliebte Sommerfrische. Auch hier gibt es einen Golfplatz ›Piandisole‹ Via alle Pineta, 1, Tel. 03 23 58 71 00, Fax 03 23 58 77 63. Im Park der Villa Bernocchi finden im Sommer Ausstellungen statt (Tel. 03 23 58 72 75). Auch eine Bar gibt es dort.

Isole Borromee (I) (C 6/7)

Die drei Inseln Isola Bella, Isola Madre und Isola dei Pescatori (Superiore) dienten im Mittelalter ausschließlich als Militärstützpunkte. Erst unter der Herrschaft der Borromeo wurden die Isola Madre und die Isola Bella in prachtvolle Privatresidenzen verwandelt.

Schiff: Mit NLM von Pallanza zur Isola Madre (10 Min.), zur Isola dei Pescatori (25 Min.), zur Isola Bella (30 Min.); von Baveno oder Stresa zur Isola dei Pescatori (5 Min.), zur Isola Bella (10 Min.). In der Hochsaison auch abends Fährdienst.

Highlight 4

Isola Bella Die berühmteste der Inseln ist ein von Menschenhand geschaffenes Kunstwerk. Ein Schloss mit einem terrassenförmig angelegten Barockgarten wie im Bilderbuch (s. Extra-Tour 1: s. S. 109, Extra-Tour 2, S. 110)
Besichtigung: Tel. 03 23 3 05 56, Ende März–Mitte Okt., tägl, 9–17.30. Uhr, Erw. 9 €, Kinder (6 bis 15 Jahre) 4 €.

Isola Bella – die berühmteste unter den drei Borromäischen Inseln

Highlight 5

Isola dei Pescatori (Isola Superiore)
Malerisches Dorf mit engen Gässchen und schlichten Häusern, die sich aneinander schmiegen, als wollten sie sich gegenseitig beschützen. Zu Beginn des 17. Jh., als die Nachbarinsel mit Palast und Garten zur Isola Bella umgestaltet wurde, schnellte die Einwohnerzahl plötzlich in die Höhe. Wie ein Schiffsmast ragt der Turm der ursprünglich romanischen Kirche San Vittore empor. Der kleine Friedhof liegt direkt dahinter mitten im Ort und vermittelt durch seine zentrale Lage eine seltsame Atmosphäre. Die 65 Inselbewohner, die zum Großteil auf dem Festland ihren Hauptwohnsitz haben, leben kaum noch vom Fisch-, sondern fast nur noch vom Touristenfang. Trotzdem sollte man sich einen Dorfbummel nicht entgehen lassen, auch wenn es im Sommer in den Souvenirläden und Restaurants zu großem Gedränge kommen kann! Abends, wenn das letzte Touristenboot den Hafen verlassen hat, kehren Ruhe und Beschaulichkeit auf die alte Fischerinsel zurück.

Hotel Verbano

Auf der am Abend stillen Insel kann man sehr romantisch wohnen:
Hotel Verbano: Tel. 03 23 3 04 08, Fax 03 23 3 31 29, www.hotelverbano.it, hotelverbano@tin.it.
Das schön gelegene, ruhige Haus mit Blick auf die Isola Bella ist zurzeit das einzige Hotel auf der Insel. DZ 140 €. Im Restaurant speist man gut, schöner sitzt man draußen. Ca. 30 €.

Einkaufen

Anticarta: Via Ara. Auf den See spezialisierte Drucke und vielsprachige Bücher (auch deutschsprachige Tagespresse).

Highlight 6

Isola Madre
Auf dieser größten der drei Inseln, die zu Unrecht weniger bekannt ist als die spektakuläre Isola Bella, kann man sich auf einem Spaziergang durch die üppige Natur erholen. Für Flaubert lag hier das Paradies auf Erden. Im dortigen *palazzo* aus dem 16./17. Jh. hat man die Säle mit gedeckten Tischen, Baldachinbetten und Dienern in Livree (lebensgroße Puppen), mit Ahnenbildern, Fotos und kostbaren Möbeln so eingerichtet, als seien sie noch bewohnt. Unbedingt sollte man der Puppen- und Theatersammlung einen Besuch abstatten. Hier werden Bühnenbilder und Kulissen präsentiert, die der Bühnenbildner der Mailänder Scala, Fanquirico, geschaffen hat (Extra-Tour 1, S. 109, Extra-Tour 2, S. 110)
Besichtigung: Ende März–Ende Okt., tägl. 9–17.30. Uhr, Eintritt: Erw. 8,50 €, Kinder (6 bis 15 Jahre) 4 €.

Ispra (I) (D/E 8)

Seit zu Beginn der 1960er Jahre in Ispra das größte Atomforschungszentrum der EU, EURATOM, entstand, hat sich Ispras Bevölkerung (5 000 Einw.) multikulturell erweitert. Im heutigen Comon Research Center wird vor allem über Reaktorsicherheit und Umwelt-

Fangfrischen Fisch essen: auf der Isola dei Pescatori kein Problem.

Herbstgelbes Schilf, blauer See, hohe Berge: Diesen Anblick bietet die Landschaft bei Ispra.

probleme gearbeitet. Am See entlang führt ein Weg vom Hotel Europa Richtung Norden zu alten Ziegeleien *(fornaci)*. Dokumente aus der Dombauhütte von Mailand erwähnen schon im 14. Jh. Ziegel, die vom Lago Maggiore kamen. Heute findet man vor allem zwischen Angera und Ispra Ziegeleien, die allerdings aus dem 19. Jh. sind.

Sport & Strände

Golf dei Laghi , Via Trevisani 926, Travedona Monate (ca. 6 km von Ispra entfernt) Tel. 03 32 97 81 01, Fax 03 32 97 75 32, www.golfdeilaghi.it, 18-Loch-Parcours

Ausgehen

Gran Caffè Forever: Via Roma, 57, 17–2, So–24 Uhr, Mo geschl.
Das modern eingerichtete Café neben dem Bahnhof bietet eine große Auswahl an Cocktails (6 €) – der Barkeeper ist Experte! – und anderen Getränken. Zu den *aperitivi* gibt es *pinzimonio* (rohes Gemüse mit Dips) und andere Leckereien.

Außerhalb: Locanda, Pizzeria, Ristorante Pirata: Via Montenero, 68, Monvalle, Tel. 03 32 79 94 43, 03 32 79 93 84.
Im Ortsteil Turro/Monvallina. Hier gibt es fünf nette Zimmer mit Bad. DZ 55 €, Im Restaurant gute Fischgerichte sowie Pizza. Menü ca. 25/30 €.
Camping Lido: in Monvalle, Via Montenero, 51, Tel./Fax 03 32 79 93 59.
Dieser ruhig gelegene, für Familien geeignete Campingplatz liegt fern der Hauptstraße direkt am Lago Maggiore im Ortsteil Monvallina. (Freitag und Samstagabend im Sommer Tanzmusik im benachbarten Lido). Stellplatz für 2-Pers.-Zelt und Auto 18 €.

Gal de Fer: in Monvalle, Via IV. Novembre, 17, Tel. 03 32 79 96 85, Mi geschl., ca. 18 €.
6 km nördlich von Ispra. Man trifft sich

im Sommer unter schattigen Bäumen zum Essen oder Trinken, um Karten oder Boccia zu spielen. In der kalten Jahreszeit sitzt man drinnen; einfaches, gutes Essen und beachtliche Weinkarte.

Bahn: Bahnhof Via Roma; Tel. 03 32 78 02 29;
Züge nach Luino und Novara, nur wenige Verbindungen; der nächste größere Bahnhof ist in Sesto Calende (s. S. 98).
Busse: Zweimal tgl. nach Mailand, Angera, Varese und Laveno.
Schiffe: Anlegestelle der NLM.

Ziele in der Umgebung

Lago di Monate (E 9): 4 km von Ispra. In dem schönen Badesee, der als einer der saubersten in Italien gilt und an dessen Ufer ein paar öffentliche Stränden liegen, fand man Pfahlbautenreste und einen Einbaum, die man im Stadtmuseum in Varese besichtigen kann.
Il Larice (E 9): Via Lago, 35, im Sommer immer offen, Eintritt: Erw. Mo–Fr 3,30 €, Sa 4 € und So 5,50 €, Kinder (6–12 Jahre) Mo– Fr 1,20 €, Sa 1,50 € und So 2,50 €.
Schönster Strand am Lago in Cadrezzate, der Volley- und Basketballplätze, Schaukeln und Sandkasten auf einer großen, sauber gehaltenen Wiese bietet. Kanu- und Tretbootverleih. Bei Überfüllung werden die Tore geschlossen! Sonn- und Feiertage sowie den 15. August sollte man auf jeden Fall vermeiden.
Brebbia (E 8): Von der Vergangenheit des Städtchens (3 km von Ispra, Bus Richtung Varese), das schon unter den Römern Bedeutung hatte, zeugt heute nur noch die romanische Kirche SS. Pietro e Paolo, die im 16. Jh. ihre Rolle als Pfarrkirche verlor und so von Umbauten verschont blieb. Vor allem das schöne Südportal und die interessanten Fresken (14.–17. Jh.) lohnen einen Besuch.
Pfeifen-Museum: Via Piave, 21, Tel. 03 32 77 02 86, Mo–Fr 8.30–12, 13.30–17.30 Uhr, Eintritt frei.
Die Firma Brebbia, die Tabakpfeifen herstellt, präsentiert hier über 10 000 Exemplare. Bei Voranmeldung wird man durch die Ausstellung geführt.

Laveno (I) (E 6)

Das gemütliche Städtchen (8 000 Einw.) mit einer langen Uferpromenade besitzt den einzigen natürlichen Hafen des Ostufers. Der war während des Risorgimento – der Bewegung für Unabhängigkeit und nationale Einheit Italiens in der ersten Hälfte des 19. Jh. – ein wichtiger österreichischer Militärhafen. In den 80er Jahren des 19. Jh. entwickelte sich Laveno, durch die Bahnlinie Ferrovie Nord mit Mailand verbunden, zu einem wichtigen Warenumschlagplatz. Einige Industriezweige, vor allem Keramikbetriebe, ließen sich hier nieder.

In Cafés und Boutiquen, im kleinen Yachthafen und in zwei Segelschulen hat sich der Tourismus hier breit gemacht. Laveno selbst bietet keine großartigen Sehenswürdigkeiten. Die schöne Umgebung und die Blicke auf das andere Seeufer und das sich dahinter erhebende Monte-Rosa-Massiv entschädigen aber für diesen ›Mangel‹. Der kleine Ort Mombello oberhalb der Stadt gehört zu Laveno. Hier wurden im Torfmoor Pfahlbautenreste gefunden, die menschliches Leben um 3000 v. Chr. bezeugen. Im Ortsteil Corte steht eine jüngst renovierte kleine Kirche aus dem 13. Jh., die zu einem Hof gehörte.

Sport & Strände

ICARO bike: Via Mulino (am Landeplatz für Drachen und Gleitschirme), Tel. 03 32 62 67 70, 34 78 57 24 59. Radverleih, -verkauf und Reparaturen.

Segelclub Top Vela: Vicolo Spalato 6, 03 32 66 66 25, Handy 03 37 40 40 90, www.topvela.org, info@topvela.org
Der Segelclub bietet neben einem Bootsverleih auch Segelkurse für Kinder und Erwachsene an.

Einkaufen

La Boteguccia: Via A. Diaz, 10. Keramik und Porzellan ab Fabrik von Richard Ginori.

Markt: Di 8–12 Uhr.

Keramikmesse im Juli.

Peruffo: außerhalb gelegen auf der Via Acquette an der Strada Provinciale Cuveglio, Tel. 03 32 65 18 60.
Die Welt auf zwei Rädern: Hier findet man alles rund ums Rad.

Bassetti-Direktverkauf: Via Provinciale, 5, Cuveglio, Tel. 03 32 62 41 54, Di–Sa 9.30–13, 14–18.30 Uhr.
2 km hinter der Villa di Porto Bozzolo in Richtung Luino liegt linker Hand dieses Geschäft, in dem man Bettwäsche, Handtücher, Granfoulard etc. aus Restbeständen oder als Zweitwahl günstig kaufen kann.

Feste & Unterhaltung

Am 15. August gibt es spektakuläre **Feuerwerke** über dem See sowie den **Gran Trofeo del Golfo,** eine nächtliche Prozession mit beleuchteten Booten. In der Weihnachtszeit stellt Laveno eine illuminierte **Unterwasserkrippe** aus, die Fische und Menschen gleichermaßen anzieht.

Piazza Italia, 2, Tel. 03 32 66 66 66, Mo–Sa 9–12, Mitte April–Mitte Sept. auch 15–18 Uhr.

Bellevue Il Porticciolo: Via Fortino, 40, Tel. 03 32 66 72 57, Fax 03 32 66 67 53, www.ilporticciolo.com, DZ 95/160 €.
Modernes Zehn-Zimmer-Hotel direkt am Wasser, viele Zimmer mit Balkon. Das renommierte Restaurant ›Il Porticciolo‹ bietet ein üppiges Menü mit Fischen aus dem See und vom Meer, aber auch Fleischgerichte. Ca. 55 €.

Villa Belvedere: Via S. Lorenzo, 26, Orino (Valcuvia), Tel. 03 32 63 11 12, Fax 03 32 63 11 27, www.villabelvederehotel.it villa.belveder@libero.it. DZ mit Frühstück 55 €.
Wer fern vom Trubel in Laveno wohnen möchte, kann eines der acht Zimmer in der restaurierten Villa aus dem 19. Jh. beziehen und bei schönem Wetter auf der Terrasse speisen. Eigene Wurstproduktion, Risotto mit Flusskrebsen und Steinpilzen, Fisch aus dem See, Wildschweinbraten mit Polenta. 20/25 €.

›Il Porticciolo‹: Adressen s. Unterkunft.

Bahn: Ferrovie Nord, Piazza Europa, Tel. 03 32 66 83 08.
Laveno ist Endstation der Ferrovie Nord Milano, die über Varese nach Mailand fahren.
Ferrovie dello Stato, Via A. Diaz, 21, Tel. 03 32 66 71 58. Die Verbindungen Luino–Mailand und Luino–Novara führen über Laveno.

Busse: Vor dem Nordbahnhof; nach Besozzo, Cittiglio, Luino, Ispra.

Schiffe: NLM-Anlegestelle, Piazza Europa, 1, Tel. 03 32 66 71 58.
Fähre im 20-Min.-Takt nach Intra.

Ziele in der Umgebung

Sasso Ferro: Seilbahn/Funivia, Via Tinelli, 15, Tel.03 32 66 8012,

Bummel auf der Seepromenade in Laveno

www.funiviadellagomaggiore.it, Ostern–Sept. Mo–Fr 10–17.30/18.30, Sa, So und feiertags 10–17/18, Okt.–Ostern Sa/So 10–17 Uhr, Bergfahrt 6 €, Berg- und Talfahrt 8,50 €, Kinder 2,50 € (zurzeit wegen Restaurierungsarbeiten geschlossen).

Der über Laveno aufragende Gipfel ist ein beliebtes Ziel – wegen der besonderen Thermik auch für Drachen- und Gleitschirmflieger (s. S. 29) – mit einzigartigem Panorama. Auf dem Berg kann man nicht nur im Restaurant essen, sondern auch übernachten (Hotel Funivia, Località Poggio, Tel./Fax 03 32 61 03 03, DZ mit Frühstück 50 €. Sollte die Seilbahn noch nicht wieder in Betrieb sein, bietet das Hotel einen Jeep-Dienst, man erfrage.) Der kurze, steile Aufstieg (etwa 20 Min.) zum Sasso Ferro lohnt sich, denn die Aussicht von hier oben ist phantastisch. An klaren Tagen schweift der Blick vom Monte Rosa über die Poebene bis zum Apennin. Zu Fuß kann man wieder nach Laveno hinuntersteigen (ca. 1.30 Std.). Auf halber Strecke kann man bei Gigliola in Casere z. B. auf einen Wein zu Wild und Polenta einkehren (Menüs zu 22 und 26,50 € oder à la carte etwas teurer, Tel. 03 32 60 22 66).

Cittiglio (E 6/7): Ein im Sommer erfrischender, gut ausgeschilderter Ausflug führt von hier aus zu drei übereinander liegenden Wasserfällen (insgesamt 1 Std.). Der Weg zum dritten Wasserfall ist stellenweise für Kinder gefährlich.

Vararo (E 6): Mit dem Auto (ca. 20 Min.) von Cittiglio oder zu Fuß vom Sasso Ferro aus (ca. 45 Min.) zu erreichen. Für Radrennfans:

Museo Alfredo Binda, Tel. 03 32 60 14 67, 03 32 60 20 10, März–Sept. Sa, So 9.30–12.30 Uhr, sonst nach Verabredung.

Wanderung: Von Vararo gibt es einen schönen, stellenweise recht steilen Weg, der Trittsicherheit und Schwindelfreiheit erfordert, über die ›Pizzoni di Laveno‹ zum **Passo Cuvignone**. Diese Gratwanderung bietet grandiose Blicke auf den See (etwa 2 Std., man benötigt eine gute Wanderkarte). Zurück nach **Vararo** kann man dann den Weg unterhalb der Straße nehmen (oder auch umgekehrt). An klaren, trockenen Wintertagen ist dieser Ausflug besonders schön. Man muss jedoch sehr aufpassen und sollte diese Wanderung nicht machen, wenn Rutschgefahr ist. Die CAI-Hütte hinter dem Passo bietet Schlafmöglichkeiten (Tel. 03 32 52 09 09, Juni–Sept. Mo–So, Okt.–Mai Sa/So).

Wanderung S. Antonio–Monte Colonna (insgesamt 6 Std.): Von S. Antonio (F 6) läuft man zum Freskendorf **Arcumeggia** (30 Min.). Ein schöner Weg führt weiter auf den Berg **S. Martino** (F 6, 2 Std.). Wenige Schritte unterhalb des Gipfels erinnert eine Gedenkstätte an eine Partisanenschlacht im November 1943. Vom **Monte Colonna** hat man eine tolle Sicht auf den Lago Maggiore (F 6, 45 Min.). Der Weg nach **S. Michele** (2 Std.) ist im Sommer, wenn alles grün überwuchert ist, nicht ganz einfach zu finden. Hier kann man in der ›Alpe San Michele‹ einkehren, ganzjährig geöffnet, Mo geschl. Tel. 33 86 72 88 22. Von S. Michele sind es noch 45 Min. zurück nach S. Antonio.

Arcumeggia (F 6): Das Open-air-Museumsdorf am **Monte Nudo** war, wie sehr viele andere Bergdörfer auch, vom Problem bäuerlicher Auswanderung bedroht. 1956 wurde hier eine sensationelle Initiative gestartet: Man lud namhafte Künstler aus ganz Italien ein, die Hauswände zu bemalen. Zwischen steilen, schmalen, steingepflasterten Gassen entstand auf diese Weise eins der ersten Freilichtmuseen dieser Art in Italien. In der »Trattoria del Pittore« gibt es vor allem Fleischgerichte mit Soße, wie z. B. Schmorbraten oder Wild zu Polenta, aber auch einen reichlichen *antipasto* mit Aufschnitt ca. 20/30 €. Di geschl. Von Juni–Aug. kann man hier in den drei einfachen Zimmern ohne Bad übernachten; DZ 60 € (Tel. 03 32 65 01 16).

Gemonio (E 7): Ca. 5 km von Laveno, Bus nach Varese. Hier steht eine der schönsten romanischen Kirchen der Gegend: S. Pietro aus dem Jahr 1000 mit Fresken vom 13.–14. Jh. und einem frühchristlichen Altar, der wahrscheinlich aus der langobardischen Gründungszeit im 7. Jh. stammt. In der Weihnachtzeit füllt zur Freude der Kinder eine große Krippe den Kirchenraum. Im Sommer finden hier manchmal Konzerte statt. (Info: IAT Varese, Tel. 03 32 28 36 04).

Casa del Fungo: Via Verdi, 27 (wenige Schritte von der Kirche entfernt) Juni–Jan.
Im Herbst ein Paradies für Stein- und andere Pilzliebhaber. Pilzkonserven und Trüffelpasta mit Pilzen.

Museo Civico Floriano Bodini:
Via Marsala, 11, Gemonio, Mi, Sa, So 10.30–12.30, 15–18.30 Uhr, Eintritt frei.
Skulpturen, Grafiken und Kunstbibliothek.

Museo Salvini: Contrada Salvini, Còcquio (F 7), April–Ende Okt., Mi, Sa, So 15.30–18.30 Uhr, Eintritt frei.
In einer alten Mühle werden Bilder dieses sehr interessanten, aber über den See hinaus wenig bekannten Malers (1889–1979) gezeigt.

Orino (F 7): Ca. 10 km von Laveno. Im Wald (15 Min. zu Fuß von Orino) liegt eine große, zum Teil wieder aufgebaute, ummauerte Burganlage, die der Bevölkerung bei Überfällen Schutz bot. Der heutige Privatbesitz wird im Sommer für Konzerte und Feste geöffnet. Infos erteilt die Touristeninformation in Laveno, s. o.

Villa di Porta Bozzolo: Casalzuigno (F 6), Tel. 03 32 62 41 36,

Feb.–Sept., 10–13, 14–18, Okt.–Mitte Dez. 10–13, 14–17 Uhr, Mo geschl., Eintritt: Erw. 4,50 €, Kinder 2,50 €.
Die mit Rokokofresken ausgemalte Villa (16.–18. Jh.) umgibt ein ganz besonders schöner italienischer Barockgarten. Sie gehört dem FAI (›Fondo Ambiente Italiano‹, Tel. 024 69 36 93) – einer späten Kopie des englischen ›National Trust‹ – und wird im Sommerhalbjahr für Ausstellungen, Filmvorführungen und öffentliche Feste genutzt. (Hier gibt es auch einen Veranstaltungskalender für alle FAI-Projekte.)

Lesa (I) (D 8)

Der kleine Ort (2 300 Einw.) existierte bereits in römischer Zeit. Im Mittelalter verlegte der Erzbischof den mailändischen Gerichtshof hierher. Reste des mittelalterlichen Dorfkerns blieben erhalten. Eine Zeitlang war Lesa sogar Hauptstadt des Vergante. In der Villa Stampa, heute eine Bank, lebte der große italienische Schriftsteller Alessandro Manzoni. Die Sala Manzoniana mit Schrift- und Erinnerungsstücken des Verfassers des ersten italienischen Romans, ›Die Verlobten‹, kann in den Sommermonaten besichtigt werden.

Sehenswert

San Sebastiano: im Ortsteil Solcio.
Das einschiffige, romanische Kirchlein stammt aus dem 12. Jh. Es bleibt leider fast immer geschlossen. Ausnahmen: 20.1., Karfreitag und 11.9. (Prozessionen).
Der Ortsteil **Solcio** ist bei Seglern für seine Bootswerft bekannt.

Sport & Strände

Der kleine öffentliche Strand von **Lesa** liegt nicht direkt an der Straße.

Sporting Lesa: Via Davicini, Tel. 03 22 7 60 05.
4 Tennisplätze (1 drinnen), Schwimmbad, Sauna, Sportzentrum (Spinning, Geräte) Bar und Restaurant.

B&B Villa Margherita: Via Davicini, 8, Tel. 03 22 73 92.
DZ mit Frühstück 70 €.
Alte Villa abseits der Hauptstraße in Richtung See. Neun Zimmer mit Bad. Bei schönem Wetter kann man auch draußen frühstücken.
Camping Solcio: Via al Campeggio, Tel. 03 22 74 97, Fax 03 22 75 66.
Stellplatz für 2-Pers.-Zelt und Auto 18 €, Juli/Aug 25 €.
Gleich hinter der berühmten Bootswerft befindet sich der gut ausgestattete Campingplatz. Hier kann man auch Wohnwagen mieten.

Al Camino Hostaria: Villa Lesa (an der Straße Lesa–Comnago), Tel. 03 22 74 71, Mi geschl., ca. 30/35 €.
Schöne Terrasse oberhalb des Sees. Mutter kocht nach ›Hausmacher Art‹ piemontesische Gerichte, Schwiegersohn und Tochter betreuen die Gäste. Beliebt ist die gratinierte Zwiebelsuppe. Weine aus dem Piemont. Reservierung!
L'Antico Maniero: Via alla Campagna, 1, Tel. 03 22 74 11, Fax 03 22 29 20 01, www.anticomaniero.com, So abends u. Mo geschl., ca. 50/70 €.
Ein Park mit alten Bäumen umgibt dieses hochelegante Restaurant in einer schlossähnlichen Villa aus dem 18./19. Jh. Man sitzt unter Kronleuchtern zwischen Spiegeln, Bildern und alten Möbeln. Auch die ehemalige Orangerie wird für die Empfänge genutzt. Vorbestellung notwendig. Es gibt einige Menüs mit Fleisch oder Fisch und erlesenen Gerichten.

Prächtig und mächtig: Madonna del Sasso – das Wahrzeichen Locarnos

Bahn: Züge nach Mailand und Domodossola–Simplon.
Busse: mit ›Nerini‹ nach Intra und Arona, mit den ›Autolinee Novaresi‹ nach Domodossola und Novara; selten Verbindungen.

Locarno (CH) (G 1)

Erst Kelten, später die Römer besiedelten die Deltamündung der Maggia, die heute Locarno (15 000 Einw.) von Ascona trennt. Die Maggia hat die Stadt im Laufe der Jahrhunderte durch ihr unaufhaltsames Vorschieben des Deltas geprägt. Einst reichte der See bis zur Piazza Grande und dem Castello. Von 1803–78 war Locarno abwechselnd mit Lugano und Bellinzona Hauptstadt des Kanton Tessin. Heutzutage platzt die Stadt aus allen Nähten, wirkt laut und geschäftig. Auch der Berghang ist mit vielen Häusern gepflastert. Sowohl eine im Jahr 2000 vom Tessiner Stararchitekten Mario Botta renovierte Seilbahn als auch ein Fußweg führen zur prächtigen Wallfahrtskirche Madonna del Sasso hinauf. Ein Spaziergang am Seeufer Richtung Muralto korrigiert das gestörte Bild: Im alten Teil von Locarno kann man noch viel Schönes entdecken. Das Herz der Stadt, die Piazza Grande, ist von Laubengängen mit vielen Geschäften, Cafés und Restaurants umgeben. Im Sommer finden auf der Piazza Open-air-Konzerte statt. Während des internationalen Filmfestivals im August wird dort eine riesige Leinwand aufgebaut, auf der über 7 000 Zuschauer die dargebotenen Filmen verfolgen können. Hier münden auch die Gässchen der autofreien Altstadt, und

an Markttagen spürt man noch etwas von der Atmosphäre vergangener Tage.

Sehenswert

Santa Maria in Selva: Via Valle Maggia, nicht immer geöffnet, man wende sich an den Wärter (rechts vom Haupteingang).
Kunsthistorisch interessante, kleine, von außen unscheinbare Kirche auf dem Friedhof. Nur der Chor der ursprünglichen Kirche blieb erhalten. Die Fresken, ein prachtvolles Beispiel höfischer Gotik (um 1400), stellen die Krönung Mariae, Christi Geburt, eine

Schutzmantelmadonna und eine Kreuzigung zwischen schönen Blumenmotiven dar.

Madonna del Sasso: Das Wahrzeichen Locarnos entstand dort, wo 1480 Fra' Bartolomeo von Ivrea die Muttergottes erschien. Eine Via Crucis unter Schatten spendenden Kastanien führt zur wunderschön gelegenen Kirche und Klosteranlage, die im 17. Jh. entstand (ca. 30 Min; man erreicht sie auch per Straße und Seilbahn). Das wichtigste Werk ist eine Darstellung der Flucht nach Ägypten von Bartolommeo Suardi – genannt Bramantino – aus dem Jahr 1522. Die reiche Ex-Voto Sammlung im Museum zeugt von der Marienverehrung.

Basilica S. Vittore: Via della Collegiata, Muralto.

Wenige Schritte vom Bahnhof entfernt erhebt sich die nach S. Nicolas in Giornico wichtigste romanische Kirche des Tessins. Man errichtete sie um 1100 vermutlich an der Stelle eines römischen Tempels. An der Südseite sieht man ein Marmorrelief des hl. Viktor zu Pferd. Das Innere birgt Teile eines romanischen Freskenzyklus (12. Jh.), die bei den Restaurierungsarbeiten in den 80er Jahren des 20. Jh. entdeckt wurden. Hinter dem Hauptaltar befinden sich außerdem gotische Fresken. Die Säulen der Hallenkrypta sind mit reich geschmückten Kapitellen besetzt. Der wuchtige Campanile entstand erst im 16. Jh. und wurde 1932 nochmals erhöht.

Museo Civico e Archeologico: Piazza Castello, 2, März/April–Okt. Di–So 10–18 Uhr, Mo geschl.
Von der ursprünglichen, von den Visconti erbauten Burg, die dann Franchino Rusca als Lehen erhielt, blieb wenig erhalten. Im 20 Jh. wurde das imposante Kastell jedoch wieder aufgebaut. Seine Räume beherbergen das Museum mit römischen Gläsern, Keramiken und Reliefs. Im zweiten Stock ist ein Raum der Geschichte der Locarno-Verträge gewidmet.

Casa Rusca: Piazza S. Antonio, Di–So 10–18 Uhr.
Im schönen Arkadenhof des Patrizierhauses stehen Skulpturen aus der Sammlung des Dadaisten Hans Arp.

Sport & Strände

Hallenbad: Via Respini, 9, Tel. 09 17 51 44 08, im Winter Mo geschl., Di–Fr 9–21.30, Sa/So 9–17, im Sommer Freibad Mo–So 9–19.30 Uhr.

Strandbad: Mai–Sept., Eintritt: 6 sFr. Am Lido mit Springbecken und großer Wiese bis an den See.
Nebenan bietet der sehr schöne, **öffentliche Lido** kostenloses Badevergnügen.

Golf Target Locarno: Viale Respini, Tel./Fax: 0 91 7 52 33 53
www.golflocarno.ch,
Ganzjährig geöffneter Golfplatz in unmittelbarer Nähe zum See.

Wintersport: Das Skigebiet **Cardada-Cimetta** oberhalb von Locarno ist mit Kabinenbahn, Sessel- und Schleppliften ab der Stadt erreichbar. Die Stationen der Seilbahn wurden kürzlich vom Stararchitekten Mario Botta neu entworfen. Im Sommer zieht es Familien, Wanderer und Mountainbiker hierher.
Beim Flugplatz Locarno kann man **Fallschirmspringen** (s. S. 29).
Für Betuchte, die extreme Abenteuer suchen: **Bungee-Jumping** von der Eisenbahnbrücke in Intragna oder der Verzasca-Staumauer (s. S. 29).

Trekking-Team AG: Casa Rosina, 6652 Tegna, Tel. 0 91 7 80 78 00.
www.trekking.ch
Bungee Jumping, Canyoning sowie Mountainbike-Touren.
Im Feb. 2001 eröffnete ein **neuer Hafen** mit 400 Anlegeplätzen. Info: Kapitän Nadir Quarta, Tel. 0 91 7 52 30 40, Handy 07 93 59 73 74.

E-Bikes

In Locarno kann man Elektroräder mieten, mit denen man ohne große Mühe auch Steigungen bewältigen kann, wie z. B. auf den Monte Verità,
Tel. 0 91 7 91 00 91

Einkaufen

Markt: jeden Do April–Okt 9–17, Okt–März 9–14 Uhr
Großer Markt mit über 100 Ständen auf der Piazza Grande.

Ausgehen

Grand Casinò Locarno: Largo Zorzi,
Viele, viele Slotmachines, amerikanisches Roulette, Black Jack und vieles mehr, um das große Los zu versuchen.

Feste & Unterhaltung

2. Hälfte Juli: **Ticino Musica Locarno Ascona«**: Meisterklassenkonzerte klassischer Musik.

August: **Fimfestival in Locarno**. Das im Jahre 1947 ins Leben gerufene Filmfestival lockt jedes Jahr mehr Besucher an. Innerhalb von zehn Tagen werden ca. 400 internationale Filmtitel gezeigt. Allabendlicher Höhepunkt ist die Open-Air-Vorführung auf der Piazza Grande vor 7 000 Zuschauern.
Auskunft: Via Luini, Tel. 0 91 7 56 21 21, Fax 09 17 56 21 49, s. S. 19.
www.pardo.ch (nur engl. und ital.)

Largo Zorzi, 1, Tel. 0 91 7 91 00 91, Fax 0 91 7 85 19 41, www.maggiore.ch, März–Okt. Mo–Sa 9–18, So 14.30–17, Nov.–März Mo–Fr 9.30–12.30, 14–17.30 Uhr, Sa und So geschl.
Prospekte und detaillierte, monatliche Veranstaltungskalender.
Visitorscenter: Piazza Imbarcadero, Tel./Fax 0 91 7 51 84 08, www.visitorscenter.ch, Di geschl.
Zehn Schritte vom Fremdenverkehrsbüro entfernt: Infos über alle Sportmöglichkeiten, Radverleih, Internetpoint

Albergo Ristorante Campagna: Via Rivapiana, 46, Minusio/Locarno, Tel. 0 91 7 43 20 54, Fax 0 91 7 43 28 98, Ostern–Ende Okt. DZ mit Frühstück 115/130 sFr.
Gemütliches altes Haus mit Seeblick, einige Zimmer mit Balkon, doch ohne eigenes Bad. Im *grotto* sitzt man im Winter am Kamin, im Sommer auf der Terrasse. Sehr zu empfehlen ist der hauseigene Wein, der ›Nostrano‹.
Hotel Ristorante Cittadella: Via Citadella, 18, Tel. 0 91 7 51 58 85, Fax 0 91 7 51 77 59, www.cittadella.ch, DZ mit Frühstück 140 sFr.
Mitten in der Altstadt, zehn Zimmer. Im Erdgeschoss befindet sich die Trattoria, im ersten Stock ein renommiertes Restaurant: Spezialität: Fisch.
Hotel Vecchia Locarno: Via Motta, 10, Tel./Fax 0 91 7 51 65 02, DZ mit Frühstück 95 sFr.
Altstadthotel mit offenen Treppenaufgängen. Einfache und dennoch kreativ gestaltete Zimmer (ohne Bad). Restaurant mit Innenhof.
Hotel Garni Millennium: Via Dogana Nuova, 2, Tel. 0 91 7 59 67 67, Fax 0 91 7 59 67 68, www.millennium-hotel.ch
Im Jahre 2000 wurde das kleine Hotel im ehemaligen Zollhaus am See eröffnet. Reiches Frühstücksbuffet. DZ mit Frühstück 160/270 sFr.
Hotel Mirafiori: Via Parco, 25, Orselina/Locarno, Tel. 0 91 7 43 18 77, Fax 0 91 7 43 77 39, www.mirafiori.ch, info@mirafiori.ch, DZ mit Frühstück 196/220 srF.
Die Zimmer sind zum Teil in verschiedenen Häusern im Garten untergebracht. Kleines Schwimmbad, Sonderangebote für Kinder.
Hotel Restaurant Navegna: Via della Riva, 2, Minusio/Locarno, Tel. 0 91 7 43 22 22, Fax 0 91 7 43 31 50, www.navegna.ch, hotel@navegna. ch, DZ mit Frühstück 198 sFr.
An der Seepromenade von Minusio. Hier kann man direkt vom Hotelzimmer in den See springen.
Esplanade: Via delle Vigne, 66, Tel. 0 91 7 35 85 85 Fax 0 91 7 35 85 86, www.esplanade.ch
Luxuriöses Hotel mit großem Wellnesscenter. Verschiedene ›Kurpakete‹. DZ mit Frühstück ab 340 sFr.
Barbatè: in Tegna gelegen, Tel. 0 91 7 96 14 30, Fax 0 91 7 96 25 30, DZ mit Frühstück 120/160 sFr.
Wenige Kilometer von Locarno entfernt liegt dieses kleine, ruhige Haus mit zehn Zimmern und einem schön angelegten Garten.

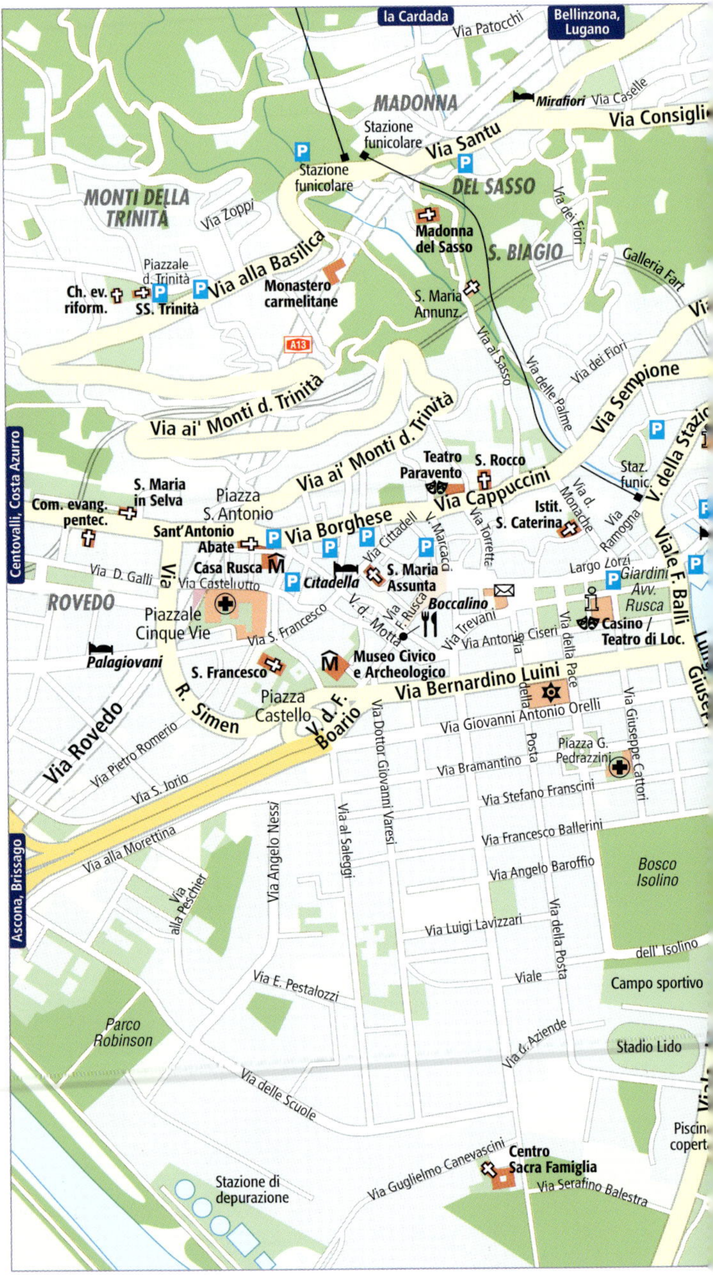
la Cardada
Bellinzona, Lugano
Via Patocchi
MADONNA
Mirafiori
Via Caselle
Via Consiglio
Stazione funicolare
Via Santu
DEL SASSO
Stazione funicolare
MONTI DELLA TRINITÀ
Via Zoppi
Madonna del Sasso
S. BIAGIO
Via dei Fiori
Galleria Fart
Piazzale d. Trinità
Via alla Basilica
Monastero carmelitane
Ch. ev. riform.
SS. Trinità
S. Maria Annunz.
A13
Via al Sasso
Via delle Palme
Via dei Fiori
Via Sempione
Via ai' Monti d. Trinità
Via ai' Monti d. Trinità
Centovalli, Costa Azzurro
Teatro Paravento
S. Rocco
Staz. funic.
V. della Stazione
S. Maria in Selva
Piazza S. Antonio
Via Cappuccini
Via d. Monache
Com. evang. pentec.
Istit. S. Caterina
Via Ramogna
Sant'Antonio Abate
Via Borghese
Via Cittadell
V. Marcacci
Via Torretta
Viale F. Balli
Casa Rusca
S. Maria Assunta
Largo Zorzi
Giardini Avv. Rusca
Via D. Galli
Via
Via Castelrotto
Citadella
Via F. Rusca
V. d. Motta
Boccalino
ROVEDO
Piazzale Cinque Vie
Via S. Francesco
Via Trevani
Via Antonio Ciseri
Via della Pace
Casino / Teatro di Loc.
Palagiovani
S. Francesco
Museo Civico e Archeologico
Via Bernardino Luini
Via della Posta
Lungolago Giuseppe
R. Simen
Piazza Castello
V. d. F. Boario
Via Giovanni Antonio Orelli
Via Giuseppe Cattori
Via Rovedo
Via Pietro Romerio
Via Dottor Giovanni Varesi
Via Bramantino
Piazza G. Pedrazzini
Via S. Jorio
Via Stefano Franscini
Via alla Morettina
Via Angelo Nessi
Via al Saleggi
Via Francesco Ballerini
Bosco Isolino
Ascona, Brissago
Via alla Peschiera
Via Angelo Baroffio
Via Luigi Lavizzari
Via della Posta
Viale dell' Isolino
Via E. Pestalozzi
Campo sportivo
Parco Robinson
Via G. Aziende
Stadio Lido
Via delle Scuole
Piscina coperta
Centro Sacra Famiglia
Via Guglielmo Canevascini
Stazione di depurazione
Via Serafino Balestra

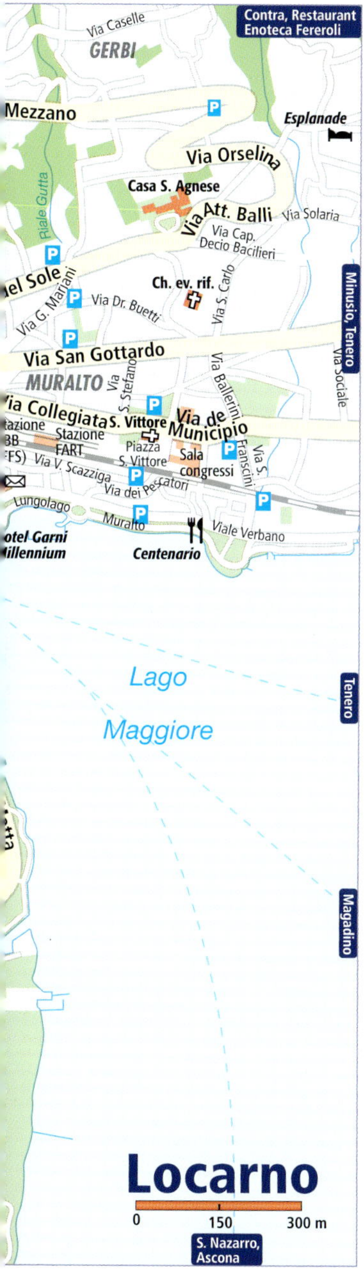

Cà Vegia: in Golino, Tel. 0 91 7 96 12 67, Fax 0 91 7 96 24 07, DZ mit Frühstück 120/160 sFr.
Dieses ca. 10 km von Locarno in Richtung Centovalli gelegene Garni ist in einem 400 Jahre alten Patrizierhaus untergebracht und steht mitten im Dorf. Zwischen alten Möbeln und buntem Geschirr in den rustikalen Aufenthaltsräumen herrscht eine familiäre Atmosphäre. Komfortable Zimmer mit Bad.

Jugendherberge Palagiovani: Via Varenna, 18, Tel. 0 91 7 56 15 00, Fax 0 91 7 56 15 01, www.youthhostel.ch, locarno@youthhostel.ch. Pro Kopf ab 32,50 sFr. mit Frühstück
Modernes Haus mit 2- und 4-Bettzimmern, sechs Zimmer mit Einbauküche für Familien, insgesamt 174 Betten. Hier sind auch das Tessiner Lokalradio, ein Jugendbüro, die Musikschule und eine Presseagentur für Jugendliche untergebracht.

Boccalino: Via Rusca, 4, Tel./Fax 0 91 7 51 96 81, Mi u. Do nur abends, Di auch mittags.
Das Restaurant in der Altstadt bietet neben vegetarischer und Vollwertkost auch Fischgerichte. Ca. 50–80 sFr.

Centenario: Lungolago Muralto, Tel. 0 91 7 43 82 22, So/Mo geschl.,
Die Feinschmeckeradresse der Stadt bietet Hummersalat und andere Köstlichkeiten. Es gibt auch drei Menüs zu 58/84/130 sFr. ohne Getränke. Reiche Auswahl an Weinen aus dem Tessin, Frankreich, Italien und Spanien.

Osteria Enoteca Fereroli: Via Cantonale in Contra, oberhalb von Brione sopra Minusio, Tel. 0 91 7 45 11 14, Mo und Di geschl.
Spezialität ist gegrilltes Fleisch jeder Art, auch ausgefallenes, wie zum Beispiel Rentier. Schöne Terasse und nette Atmosphäre. Ca. 70 sFr.

Bahn: Bahnhof in Muralto, Piazza Stazione, Tel. 0 91 7 43 88 33; nach Camedo–Domodossola (Centovalli), sehr häufig nach Bellinzona.
Busse: Bahnhof, Tel. 0 91 7 43 61 15. Die gelben Postbusse fahren in die Täler (Tel. 0 91 8 07 64 41); die Busse der ›FART‹ (Tel. 0 91 7 51 00 31) fahren in der Stadt und verbinden größere Orte und Dörfer.
Schiffe: Anlegestelle NLM, Lungolago Motta, Tel. 0 91 7 51 18 65; Stresa–Arona und Cannobio–Luino nur selten. Mit Magadino tagsüber regelmäßig verbunden. Im Sommer fahren die Schiffe gratis von Locarno nach Tenero.

Ziele in der Umgebung

Bellinzona (s. Umgebungskarte): Alle Wege vom und in den Norden führen in die Hauptstadt des Tessins: Schlüssel zur Schweiz und Tor nach Italien. Um sich angemessen verteidigen zu können, wartete die Stadt mit drei mittelalterlichen Visconti-Kastellen auf, in denen sich heute neben Museen *grotti* und gediegene Restaurants befinden.
Ticino Turismo: Villa Turrita, Via Lugano, 12, 6500 Bellinzona, Tel. 0 91 8 25 70 56, Fax 09 18 25 36 14. www.ticino.tourism.ch
Die Täler um Locarno (s. Umgebungskarte) Die wunderschönen Täler hinter Locarno und Ascona bieten unzählige Wander-, Bade- und Ausflugsmöglichkeiten. Bevor hier Staudämme und Elektrizitätswerke gebaut wurden, bedeuteten die reißenden Bergflüsse eine ständige Bedrohung für die Bewohner. Um sich vor den tragischen Überschwemmungen zu retten, wurden die Dörfer in den Hang gebaut. Das Leben in diesen nur schwer zugänglichen Tälern – damals fuhren noch keine Postautos – war für die oft bitterarme Bevölkerung sehr hart. Viele mussten auswandern oder zur Saisonarbeit ihre Heimat verlassen: Kaminfeger arbeiteten in Mailand, Maurer und Steinmetze verdienten sich in anderen Ländern ihr Brot. Das Jugendbuch ›Die Schwarzen Brüder‹ von Lisa Tetzner erzählt die rührende Geschichte von einem kleinen Jungen, der als Kaminkehrer nach Mailand verkauft wird. Die verschiedenen Ortsmuseen erzählen zum Teil von dem damaligen Leben. In den letzten Jahren hat sich die Alpenwirtschaft dank der Aufwertung naturverbundener und alternativer Lebensformen wieder etwas erholt. Die lange verlassenen Rustici werden wieder liebevoll aufgebaut und restauriert und erwachen so wieder zum Leben.

Highlight 7

Centovalli/Valle Vigezzo (C–F 1/2)
Es gibt 1001 Möglichkeit, schöne Ausflüge in die Täler zu gestalten: Neben den vom Verkehrsamt oder Fremdenverkehrsbüro (s. S. 79) angebotenen Touren kann man sich auch selbst Rouren ausarbeiten. Denn das Tal ist mit Zug und Seilbahnen bestens erschlossen. Pläne und Informationen bei:
FART: Piazza Grande, 18, Tel. 0 91 7 51 87 31, Fax 0 91 7 51 40 77, www.centovalli.ch
Hier erhält man auch Infos über Rundreisebillets für die ›Centovalli Bahnfahrt‹, Seilbahnen, Zuganschlüsse und die Möglichkeit zum Bungee-Jumping. Zum Wandern empfiehlt sich eine Schweizer Nationalkarte im Maßstab 1:25 000 oder 1:50 000.
Centovalli Bahnfahrt: Diese Fahrt durch die Schluchten der ›100 Täler‹ ist sehr empfehlenswert. Man kann von Locarno nach Domodossola und zurück

fahren (28 sFr.) oder eine Rundreise mit dem Lago-Maggiore-Express machen. Sie führt weiter nach Stresa und dann mit dem Schiff zurück nach Locarno. Man kann an jeder Station beginnen. Auskunft: Tel. 0 91 7 51 87 31, 0 91 7 56 04 00, Preis: etwa 42 sFr.

Verscio (F 1): In dem kleinen Steindorf am Eingang der Centovalli residiert die ›Scuola Teatro Dimitri‹ mit eigenem Ensemble unter dem berühmten Clown Dimitri. Im Jahr 2000 eröffnete das Museo Comico. Gespielt wird März–Okt., Auskunft:Telefon 0 91 7 96 15 44, www.teatrodimitri.ch. An Vorstellungstagen werden Besucher auch verköstigt.

Intragna (F 1): Das Dorf mit dem schönen alten Kern kann den höchsten Kirchturm des Tessins für sich verbuchen. Auf der Piazza wird, wie in fast jedem Tessiner Ort, Karneval gefeiert. Das ›Museum der Centovalli und Pedemonte‹ zeigt alte landwirtschaftliche und handwerkliche Geräte nebst Trachten und religiöser Volkskunst (Casa Maggetti, Tel. 0 91 7 96 25 77, Di–So 14–18 Uhr).

Palagnedra (E 1): In diesem alten Schmugglerdorf setzt man sich am besten auf der zentralen Piazza in die Kneipe, um das beschauliche Treiben zu beobachten, oder man bestaunt die Fresken in der Seitenkapelle der Pfarrkirche von Antonio da Tradate. Man kann dann zu Fuß nach **Bordei** laufen und von dort weiter zum **Campo Rasa** (Dauer: insgesamt 1.30 Std.). In Bordei gibt es das Restaurant »Osteria Bordei« (April– Okt geöffnet, Tel. 0 91 7 80 80 05), das typische Tessiner Gerichte anbietet.

Valle Maggia (s. Umgebungskarte) In diesem weiten, sonnigen und flachen Tal kann man wandern und an vielen Stellen in der Maggia ganz herrlich baden. Vom Haupttal verzweigen sich lohnende Seitentäler. Busse fahren ab Locarno Carvegno in das Tal.

Ente Turistico Valle Maggia, Maggia, Tel. 0 91 7 53 18 85, Fax 09 17 53 22 12, www.vallemaggia.ch

Am Eingang der Valle Maggia liegt die Schlucht von **Ponte Brolla** (ca. 5 km von Locarno). Hier treffen sich die Kletterer. Erfrischung bieten die vielen schönen ›Badewannen‹ der Maggia.

Maggia: Kleiner pittoresker Ort, in dem viele Nicht-Tessiner leben.

Cevio: Ca. 27 km von Locarno. Im Hauptort und Herz des Tals ließen die Vögte früher auf der Fassade des stattlichen Gerichtsgebäudes ihre Familienwappen verewigen. Bei der ›Associazione Artigiani della Valle Maggia‹ (Tel. 754 18 16, April–Okt. Di–Sa 14–18 Uhr) kann man schönes, traditionelles Tessiner Kunsthandwerk erwerben.

Hinter Cevio fächert sich das Tal auf. Hier zweigt die Straße zum jahrhundertelang abgeschiedenen Walserdorf **Bosco Gurin** ab, dem höchstgelegenen, bewohnten Dorf im Tessin (1 507 m), das bis 1928 keine Straße hatte. In dem kleinen Ort mit den typischen, auf Steinsockel gebauten Holzhäusern wird noch das uralte Deutsch der Walser aus dem Oberwallis gesprochen. In einem der Häuser brachte man ein Ortsmuseum unter (Tel. 0 91 7 54 18 19 oder 0 91 7 54 14 81, Eintritt frei), das die Geschichte des Dorfs und der Migration der Walser ab dem 13. Jh. erzählt. Im Winter kann man hier auch Ski laufen. Ein Rollteppich befördert Snowboarder und Skifahrer zu den Pisten. Info: Tel. 754 18 28.

Nach Foroglio ins Bavonatal lockt ein schöner Wasserfall. Gut speist man hier im seit den 1930er Jahren durch einen

Leni Riefenstahl-Film bekannt gemachten La Froda (ca. 20–50 sFr., Tel. 0 91 7 54 11 81, April–Okt. geöffnet).
Die Maggia entlang geht es Richtung Fusio in die **Val Lavizzara** nach Mogno, wo in den 90er Jahren der berühmte Tessiner Architekt Mario Botta die grau-weiße Kirche San Giovanni Battista gebaut hat (Mitte März–Mitte Nov. 10–17 Uhr).

Baracca Back-Packer: Aurigeno, Handy 0 79/2 07 15 54 (vom Ausland Vorwahl 00 41/79), www.backpacker.ch. 25 sFr. pro Person, im 2-Bett-Zimmer 30 sFr. pro Person. Geöffnet vom 1. April bis 31.Nov Altes Holzhaus mit einem 2-, einem 4- und einem 6-Bett-Zimmer oberhalb der Kirche am Waldrand, 15 Min. zu Fuß von der Bushaltestelle. Gemeinschaftsküche, Außensitzplätze und Fahrradvermietung. Außerdem Verkauf von Kunsthandwerk aus Holz. Schlafsack mitbringen!

Valle Onsernone: Intakt gebliebenes, abgelegenes Bergtal, das viele Künstler angezogen hat. Max Frisch lebte u. a. hier in Berzona. Im Hauptort Loco (ca. 14 km von Locarno) gibt es ein Heimatmuseum mit volkskundlichen Exponaten, vor allem den für das Tal typischen Strohflechtereien. Schon im 18. Jh. wurden Körbe, Taschen und Hüte geflochten. (Tel. 0 91 7 97 10 70, April–Okt. Di–So 14–17 Uhr).
Val Verzasca: In dieses 25 km lange, smaragdgrüne Tal fahren Busse ab Locarno und halten in jedem Ort. Im Sommer empfiehlt es sich mit dem Bus zu fahren, da es große Parkschwierigkeiten gibt. Die großen, vom Wasser glatt geschliffenen, grün schimmernden Gneisfelsen laden zum Bade ein.
Info: Via ai Giardini, Tenero, Tel. 0 91 7 45 16 61, Fax 0 91 7 45 42 30, Mo–Fr 8–12, 14–18, Mitte Juni– Mitte Okt. und Ostern auch Sa 9–12, Juli/Aug. auch Sa 15–17 Uhr, www.tenero-tourism.ch
Man fährt durch die bewaldete Verzascaschlucht auf den 220 m hohen Staudamm am Taleingang zu. Er wurde in den 60er Jahren zur Stromerzeugung erbaut und dämmte so den gefürchteten, wilden Fluss ein. Wie von Zyklopen erbaut, wirkt die Riesenmauer beeindruckend. Hier wurde auch eine Szene für einen James-Bond-Film gedreht. Mutige Bungee-Jumper stürzen sich von oben in die Schlucht. Dahinter erstreckt sich der 7 km lange fjordartige Stausee Lago di Vogorno.
Corippo: Das gesamte malerische, an den Berghang geschmiegte Dorfnest (12 km von Locarno, Bus hält an der Abzweigung nach Corippo, ca. 20 Min. zu Fuß) steht unter Denkmalschutz. Man sollte das Auto unten parken und heraufsteigen.
Lavertezzo: Ca. 16 km von Locarno. Lavertezzo ist ebenfalls ein guter Ausgangspunkt für Wanderungen. In Richtung Brione führt der Sentiero dell' arte mit Kunstobjekten am Wegesrand am Fluss entlang durch den Wald. Man kann auch den ganzen Weg, den Sentierone, von Mergoscia bis Sonogno abseits der Straße am Fluss entlanggehen (etwa 7 Stunden).

Badevergnügen im Verzascatal

Unterhalb der mittelalterlichen, doppelbögigen Steinbrücke, dem viel bewunderten Ponte dei Salti, kann man am schönsten im smaragdgrünen Wasser der Verzasca baden.

Brione: Im Hauptort des Tals (ca. 22 km von Locarno) birgt die Pfarrkirche S. Maria Assunta sehenswerte, leider zum Teil fragmentarische Fresken im Stil Giottos, die um 1350 entstanden. Daneben erhebt sich das Castello Marcacci, die ehemalige Sommerresidenz eines Adeligen aus Locarno.

Sonogno: Ca. 29 km von Locarno entfernt. Im hintersten Ort des Tals, der wie ein Freilichtmuseum wirkt, ist in einem alten Bauernhaus ein Heimatmuseum eingerichtet (Mai–Okt. tgl. 11.30–16.30 Uhr, Eintritt: 2,50 sFr.). In den kleinen Läden kann man Tessiner Kunsthandwerk sowie handgesponnene, selbst gefärbte Wolle und Strickwaren erstehen.

Luino (I) (F 4/5)

Luino, die größte Stadt am lombardischen Ostufer (ca. 15 000 Einw.), ist weltbekannt wegen ihres Markts, der bereits 1541 von Karl V. bewilligt wurde. Das Städtchen an der Tresa-Mündung, touristischer und wirtschaftlicher Hauptort der lombardischen Küste, hat nette Hotels, Restaurants und einen Yachthafen. Eine schöne Platanenallee säumt das Ufer. Die am Hang liegende Altstadt fungierte einst als römisches *castrum* und erlebte einen großen Moment, als Garibaldi hier 1848 die österreichischen Truppen vertrieb.

Heute säumen Geschäfte vor schönen Innenhöfen die Pflastersteinstraßen des lebhaften Städtchens. Stolz ist Luino besonders auf seine berühmten Bürger, bekannte Schriftsteller des 20. Jh. wie Piero Chiara und Vittorio Sereni sowie auf seinen Ehrenbürger, den Literatur-Nobelpreisträger des Jahres 1997, Dario Fo, der lange Zeit in Luino lebte.

Mittwochsmarkt in Luino

Auf dem größten der oberitalienischen Märkte findet man einfach alles. Jeden Mittwoch werden hier an der Seepromenade und in den dahinter liegenden Straßen über 400 Zeltbuden aufgebaut, die vom Kochtopf über Lederwaren, Kleidung und Gemüse alles nur Erdenkliche anbieten. Bei diesem Großereignis herrscht Parkplatzmangel. Es empfiehlt sich, mit Bus oder Schiff anzureisen. Von allen Orten werden mittwochs Schiffstouren nach Luino organisiert!
In der Altstadt, vor allem in der Fußgängerzone, reihen sich Feinkost- und Weingeschäfte an Boutiquen. Die kleine Galerie Alchimia mit Stichen, Skulpturen und Schmuck von Annie Ferraro sowie das Lederwarengeschäft ganz am Ende der Via Cavalotti lohnen mindestens einen Blick.

Sehenswert

Oratorio di S. Pietro: Am Ende der Viale delle Rimembranze, beim Friedhof.
Die oft umgebaute, von außen eher unscheinbare Kirche beherbergt ein Fresko, welches Bernadino Luini zugeschrieben wird. Dass der berühmte Maler aus dem Kreis Leonardo da Vincis hier geboren wurde, ist nicht sicher.

Ausgehen

Lido di Luino: Via Lido, Disko.

Sport & Strände

Schwimmbad, Tel. 03 32 53 12 50, Freibad: 10–19 Uhr, Eintritt: Erw. 5, Ki. (bis 16 Jahre) 2,50 €. Di, Fr und Sa abends ist im Sommer draußen Disko mit Blick auf den See. Motto am Di: Musik der 60er und 70er Jahre des 20. Jh. Eintritt: 8 € (Sa 13 €).

Via Piero Chiara, 1, Tel. 03 32 53 00 19, www.apt.varese.it, info@apt.varese.it, Mo–Sa 9–12, 15–18.45 Uhr.

Camin Hotel Colmegna: Via Palazzi, 1, nördlich von Luino, Tel. 03 32 51 08 55, Fax 03 32 50 16 87, www.camin-hotels.com, camincol.@tin.it, DZ mit Frühstück 110/130 €.
Das Haus steht – mit Park und Privatstrand – direkt am See und verfügt über ein Restaurant mit Terrasse.
Camin Hotel Luino: Viale Dante, 35, Tel. 03 32 53 01 18, Fax 03 32 53 72 26, www.caminhotelluino.com, caminlui@tin.it, DZ mit Frühstück €.
Frisch renoviertes Hotel (13 Zimmer) mit Restaurant (teuer) in einer Villa aus dem 19. Jh., die samt ihrem Garten gegenüber der Seepromenade liegt.
Für Ferienwohnungen: Hildegard Mittler, Tel. 03 32 51 02 03, Fax 03 32 50 04 97, www.fewo-lagomaggiore.com, info@fewo-lagomaggiore.com.

Bahn: Piazza Marconi, Züge der italienischen Bahn: Tel. 03 32 53 03 93; Züge der Schweizer Bahn: Tel. 03 32 53 55 85. Nach Mailand, Novara, Bellinzona.
Busse: nach Agra, Bedero, Cittiglio, Curiglia, Laveno, Maccagno, Mailand, Ponte Tresa–Lugano.
Schiffe: Anlegestelle NLM Piazza Libertà, Tel. 03 32 53 01 89.

Ziele in der Umgebung

Agra (G 4): Mit dem Bus 30 Min. Ein charmanter, kleiner, ruhiger Kurort mit engen Gassen. Zwei beliebte Spaziergänge sind der ›giro del sole‹ auf der Sonnenseite (30 Min.) und der ›giro della luna‹ auf der Schattenseite der umliegenden Berghänge (45 Min., beide ausgeschildert). Man genießt einen großartigen Blick auf die Schweizer Bergkulisse.
Val Veddasca (s. S. 87) In dem grünen Tal gibt es heute wieder viel Wild: neben Niederwild auch Gemsen, Rot- und Schwarzwild. Der Weg nach Curiglia (G 3), dem Hauptort des Tals, ist schön (Busverbindung von Luino). Von hier kann man weiter nach Monteviasco – einem fast ganz verlassenen Steindorf, das man nur zu Fuß erreichen konnte (ca. 3 Std.). Vom Ponte di Piero, wo man das Auto stehen lassen kann, fährt jetzt eine Seilbahn hinauf, Tel. 03 32 56 84 43. Unter der spanischen Herrschaft in Mailand sollen Soldaten hierher geflohen sein und das Dorf gegründet haben. Piero, auch ein kleines Steindorf, das nur zu Fuß erreichbar ist (ca. 10 Min.), bietet einen Agriturismo Kurz vor Curiglia geht es rechts hinauf zum **›Agriturismo Roccolo‹** Tel. 03 32 56 84 77, wo man mit schönem Blick *polenta con brasato* (Schmorbraten) und selbst gebackene Kuchen essen kann. Im Winter Mo geschl. Seit neustem gibt es hier auch 4 Zimmer: DZ mit Frühstück 65 €.

Maccagno (I) (F 4)

Die Torre Imperiale erinnert an die Feudalzeit in Maccagno (2 000 Einw.), als dieser Ort sogar seine eigenen Münzen prägen durfte und unter der Herrschaft der Familie Mandelli eine wirtschaftliche Blüte erlebte. 1718 ging Maccagno in den Besitz der Borromeo über. Der nicht ungefährliche Fluss Giona teilt den Ort in zwei Hälften: Maccagno inferiore, wo schöne Häuser aus dem 16./17. Jh. stehen, und das neuere Maccagno superiore. Aufgrund der günstigen Winde, die im nördlichen Teil des Lago wehen, ist Segeln und Surfen zwischen Maccagno und Pino sehr beliebt.

Sehenswert

Museo Parisi Valle: Via L. Gianpaolo, 1, Juli–Sept. 10–12, 15–19, Mo geschl., Okt.– Juni Mi, Sa, So 10–12, 15–18 Uhr, Eintritt: Erw. 2,60 €, Kinder 1,60 €.
1998 neu eröffnet mit Werken italienischer Künstler des 20. Jh.

Sport & Strände

Ca. 1 km nördlich von Maccagno, in der **località Ronco delle Monache,** kann man baden.
Den Schildern ›Madonna in Trono e Santi‹ folgend, stößt man auf eine kleine Kapelle mit einem Fresko der thronenden Madonna (Ende 15./Anfang 16. Jh.).
Cinzanino Climbers' Stadion: Neuer Klettergarten direkt am See. Eigene Ausrüstung mitbringen! Nur dem, der hier einen Kurs belegt, wird sie geliehen (Auskunft bei Pro Loco, s. u.).

Pro Loco: Via Garibaldi, 1, Tel. 03 32 56 20 09, Fax 03 32 56 25 28, www.prolocomaccagno.it, März–Juni, Okt. 9.30–12.30, 16–19 Uhr, So, Mo geschl.; Juni– Sept. Mo–Sa 9–12.30, 16–19.30 Uhr, Mi und So nachmittags geschl.

Es gibt vier Hotels und zwei Campingplätze, doch in erster Linie Ferienwohnungen. Infos bei der Pro Loco.
Außerhalb, wenige Meter vor der Schweizer Grenze in Zenna Pino liegt das **Hotel Lido Villa delle Palme Meublé,** Corso Europa, 23, (F 2) Tel./Fax 03 32 56 62 38, DZ 85 €.
Mit Parkplatz, Terrasse zur Seeseite, Liegewiese und Strand. Die Besitzerin ist Deutsche.

Ristorante Al Pozzo: Piazza Solera, 2, Campagnano, Tel. 033256145, immer offen.
Hoch über Maccagno gelegen genießt man von hier den Blick, den schon die Librettisten G. Verdi, Piave und Solera suchten, um die richtige Inspiration für den Nabucco zu finden. Leider sind die Qualität des Essen sowie der Service stark der Tagesform der Restaurantbetreiber unterworfen. Zudem gibt es keine Speisekarte und somit auch keine Preisangaben.

Bahn: Piazza Stazione, Tel. 03 32 56 10 10; Züge nach Luino und Bellinzona; man kann hier keine internationalen Fahrkarten kaufen!
Busse: nach Luino und Mailand.
Schiffe: Via Volontari della Libertà, Tel. 03 32 56 11 41; Anlegestelle der NLM, nur Ostern–Okt.

Ziele in der Umgebung

Val Veddasca (s. S. 86) Auf der Westseite des Tals, das durch den Fluss Giona getrennt wird, kann man über Dörfer mit schönen Aussichtspunkten zum **Lago Delio** (F 3) fahren (keine Busverbindung, zu Fuß ca. 3 Std./9 km, auf 930 m Höhe). Der See wurde zu einem Stausee erweitert und wird aus dem Wasser des Lago Maggiore für ein Elektrizitätswerk gespeist (Badeverbot!). Einer Legende nach soll der Lago Delio ein ganzes Dorf zur Strafe dafür ›verschluckt‹ haben, dass es einst einen müden Wanderer nicht aufnahm. Am Ende der Straße liegt das Albergo

Ristorante Diana (von März bis Ende Okt. geöffnet; trotzdem vorher erkundigen, ob es müde Wanderer aufnimmt, Tel. 03 32 56 61 02, DZ 45 €). Auf dem Menüplan stehen immer Risotto und Polenta mit Wildschweinbraten ca. 20/22 €.

Von dieser Einkehrmöglichkeit besteigt man in ca. 30 Min. den **Monte Borgna** (F 3), auf dessen Gipfel in 1 158 m Höhe ein fantastischer Ausblick auf den See geboten wird. Vom Lago Delio kann man entweder zu Fuß (1.30 Std.) oder mit dem Auto zum **Passo Forcora** (G 3) gelangen. Die Käserei an der Kreuzung, an der die Straßen zum Lago bzw. zum Passo abzweigen, verkauft u. a. vorzüglichen Ziegenkäse.

Meina (I) (C 9)

Im 11. Jh. gehörte Meina (wie der ganze Vergante) dem Erzbischof von Mailand, dann den Visconti und später den Borromeo. Auch hier entstanden im 18. und 19. Jh. prächtige Villen. 2050 Einwoner leben heute in Meina. Im Ortsteil Silvera kann man pittoreske Steinhäuser bewundern. Schöne Steinmetzarbeiten zieren viele Portale, Tragbalken sowie Fensterbänke und zeugen von der großen Verbreitung dieses Berufs in dieser Gegend. Oberhalb des Sempione steht grau und verlassen das einstige Hotel Meina, ein Relikt aus grausamen Zeiten: 1943 wurden die ersten hierher geflüchteten Juden von SS-Männern umgebracht.

Orta-See: die Isola di San Giulio

Sport & Strände
Am **Lido** gibt es neben Schwimmbad und Tennisplätzen im Sommer Fr und Sa auch Disko. Öffentlicher Strand am **Lungolago**.

Piazza Carabelli, 5, Tel. 03 22 66 06 12. Mo, Mi u. Fr 9–12 Uhr.

Trattoria della Stazione: Tel. 03 22 6 59 44, Mo geschl. In dem über 100 Jahre alten Haus befindet sich unten die gemütliche Trattoria. Oben sind kleine, einfache Zimmer mit Seeblick. Wo in früheren Zeiten die Postkutschen Station machten, hält jetzt der Zug. DZ ohne Frühstück 60 €.

Villa Paradiso: S.S. Sempione, 125, Tel. 03 22 66 04 88, Fax 03 22 66 05 44, www.hotelvillaparadiso.com, paradiso@intercom.it, Ostern– Ende Okt., DZ mit Frühstück 110/120 € Großes Haus aus dem 19. Jh. Park mit Pool und eigenem Strand.

Bahn: Züge nach Mailand und Domodossola–Simplon.
Busse: mit ›Nerini‹ nach Intra und Arona, mit ›Autolinee Novaresi‹ nach Novara und Domodossola.

Highlight 8

Orta-See (I) (A/B 7–9)

Dieser kleine See birgt alles, was der große Nachbar zu bieten hat, in überschaubarem Rahmen: traumhafte Villen aus dem 18./19. Jh., Plätze mit schönen Ausblicken, romanische Kirchen, Wallfahrtsorte, die auf einem steilen Felsen stehende Madonna del Sasso sowie Wandermöglichkeiten in den Seitentälern und oberhalb des Sees.

Der Orta-See hat sich eine Ursprünglichkeit bewahrt, der ihn von den anderen oberitalienischen Seen abhebt und zu einem lohnenswerten Ausflugsziel macht (s. Ausflug Lago d'Orta S. 104f.).

Zu Pinnocchio

»Es war einmal ein kleines Stück Holz.« Wer kennt ihn nicht, den hölzernen Bengel mit der langen Nase? In Piana di Forno im Stronatal oberhalb von Lago d'Orta gibt es Pinocchios in allen Größen und Variationen, z.B. bei ›Chalet‹ an der Hauptstraße.

Ecomuseo

Unter dem Namen Ecomuseo werden mehrere kleine Museen der Region zusammengefasst, die die Geschichte der unmittelbaren Umgebung erzählen. Dazu gehören das beschriebene Museo dell'Ombrello in Gignese, das Museo Etnogafico e dello Strumento Musicale a Fiato in Quarna Sotto am Ortasee, die Fondazione Museo Arti Industria ›Forum‹ in Omegna nebst anderen kleineren Sammlungen. Infos dazu gibt es in jedem dieser Museen.

Orta (I) (B 9)

Der Ort befindet sich auf einer Halbinsel gegenüber der Isola S. Giulio. Das Herz des Städtchens ist die malerische Piazza Motta, die von einem Gebäude aus dem 16. Jh. dominiert wird: dem Palazzo della Comunità della Riviera. Über dessen Laubengang befindet sich der große Saal, in dem einst Ratssitzungen stattfanden und von dem aus man einen unvergleichlichen Blick auf die vorgelagerte Insel S. Giulio genießen kann. Jeden Mittwoch verwandelt sich die Piazza Motta in einen Ort des bunten Treibens: Dann findet – seit 1228 – der wöchentliche Markt statt. Ansonsten lädt der Platz mit seinen Kastanienbäumen zur Muße und zum Verweilen ein, und die engen Gassen mit ihren schönen Innenhöfen und den anliegenden Renaissance- und Barockhäusern reizen zu einem Rundgang (S. Ausflug Lago d'Orta S. 104f).

Sehenswert

Isola San Giulio (A9): Fast auf der Höhe von Orta – und von dort in regelmäßigen Abständen mit dem Boot zu erreichen – liegt die Insel San Guilio. Der Legende nach war sie einst von Schlangen und Ungeheuern bewohnt, bis der hl. Julius – der Namensgeber der Insel – sie im 4. Jh. von dort vertrieb und eine Kirche errichtete. In ihrer Krypta werden die sterblichen Überreste des Heiligen aufbewahrt (Di–So 9.30–12.15, 14–18.45 Uhr). Überfahrt (April–Okt. alle 20 Min. hin und zurück, Orta–San Giulio 2,60 €). Siehe auch Ausflug Lago d'Orta, S. 104f.

Sacro Monte: Von Orta aus kann man zu Fuß auf den ›heiligen Berg‹ steigen. Er umfasst neben der Kirche S. Nicola di Mira 20 Kappellen mit insgesamt 376 ebensgroßen Figuren und Fresken, die in chronologischer Abfolge aus dem Leben des heiligen Franziskus von Assisi erzählen – von dessen Geburt bis zur Heiligsprechung. Aufgrund der wunderschönen und weitläufigen Vegetation, die den Berg zu einem Ruhepol werden lässt, wurde der Sacro Monte 1985 von der Region Piemont zu einem Naturbezirk erklärt. Öffnungszeiten (bis zum 30 September) Mo–Fr 9.30–18.00, Sa/So 9.30–18.30

Feste & Unterhaltung

›Festival Cusiano di Musica Antica‹: Mitte Juni.

Via Panoramica, I 28016 Orta, Tel. 03 22 90 56 14, Fax 03 22 90 58 00, www.distrettolaghi.it

Hotel Villa Crespi: via Fava 8/10, Tel. 03 22 91 19 02, Fax 03 22 91 19 19, www.lagodortahotels.com
Extravagantes Hotel aus dem 19. Jh in islamischem Stil mit Minarett, Baldachinbetten, Marmorbädern, Park und exquisitem Restaurant ca. 50 €. DZ mit Frühstück 165/230 €

Hotel Olina: Via Olina, 40, Tel. 03 22 90 56 56, Fax 032 29 03 77.
Mitten in Ort mit 16 individuell und modern eingerichteten Zimmern.DZ mit Frühstück 85 €.

Sacro Monte: Via Sacro Monte, 5, Tel. 03 22 9 02 20.
Drei kleine Säle in einem Gebäude aus dem 17. Jh. im Park des Heiligen Berges. Ca. 35 €

Al Sorriso in Soriso, Via Roma, 18, (außerhalb etwa 20 km südlich)
Tel. 03 22 98 32 28, Mo und Di mittags geschl.
Eines der besten Restaurants Italiens (mit 3 Michelinsternen), ca. 100/120 €
Es gibt auch 8 Zimmer DZ mit Frühstück 190 €

Navigazione Lago d'Orta. Man kann alle Orte mit dem Schiff erreichen. Tel. 02 22 84 48 62.

Ziele in der Umgebung

Armeno: Von hier stammen viele Köche, die in alle Welt auszogen. Das begann angeblich mit dem Schiffskoch, der im Jahre 1492 mit Kolumbus nach Amerika fuhr. Im Ortsteil Vacciago lohnt das Museum Fondazione Calderara mit einer Sammlung zeitgenössischer Kunst einen Besuch.

Highlight 9

Pallanza (I) (D 6)

Gemeinde Verbania
Das villenreiche, gemütliche Städtchen, das als einziges am See nie den Borromeo gehört hat, genießt ein besonders freundliches und mildes Klima. Trotz des Tourismus konnte Pallanza Charakter und Eigenleben bewahren. An der Seepromenade und vor allem an der Piazza Garibaldi reihen sich gute Hotels und Cafés aneinander, dahinter beginnt die Stadt mit ihren Geschäften. Von der Seepromenade und der Punta di Castagnola hat man einen schönen Blick auf die Isola di S. Giovanni, auf der der Dirigent Arturo Toscanini bis 1952 in einem *palazzo* aus dem 17. Jh. seinen Wohnsitz hatte.

In Pallanza kam 1850 Luigi Cadorna, ein berühmter General im Ersten Weltkrieg, auf die Welt. Da er eine Invasion aus der Schweiz fürchtete, ließ er 1916–18 ein ungeheures Verteidigungssystem längs der italienischen Voralpen bauen, dessen Relikte vor allem im Winter immer wieder sichtbar werden. Viele dieser ehemaligen Militärstraßen werden heute wieder in Stand gesetzt und als Wanderwege genutzt. Auf der sanft hügeligen Halbinsel Castagnola waren früher Kastanienwälder. Die wurden zu Beginn des 20. Jh. abgeholzt, um großen Parks und Villen Platz zu machen.

Sehenswert

Madonna di Campagna: Viale Azari, 113. Das Gotteshaus steht außerhalb des Wohnbezirks. Vom romanischen Bau blieb nur der Glockenturm. Die Kirche wurde im 16. Jh. im Renaissancestil umgebaut, wahrscheinlich von Giovanni und Pietro Beretta aus Brissago.

Highlight 10

Villa Taranto: Ein prachtvoller, von Frühjahr bis Herbst üppig blühender botanischer Garten: Via Vittorio Veneto, 111, Tel. 03 23 55 66 67, April–Okt. 8.30–19.30 Uhr, Eintritt: Erw. 7 €, Kinder (6–14 Jahre) 5 € (Extra-Tour 2, s. S. 111).

Villa Giulia: Corso Zanitello. Im ehemaligen Kursaal an der schönen Seepromenade von Pallanza finden u.a. Konzerte, Ausstellungen und Aufführungen statt.

Museo del Paesaggio: Via Ruga, 1, Tel. 03 23 50 24 18, 03 23 55 66 21, April–Okt. 10–12, 15–18 Uhr, Mo geschl. (Extra-Tour 3, s. S. 112).

San Remigio: Ca. 30 Min. zu Fuß. Zum romanischen Kirchlein auf der Halbinsel Castagnola oberhalb von Pallanza führt ein Weg zwischen Villen und Gärten hindurch (man muss sich allerdings durchfragen: Schilder, die zu den ›Uffici del Parco della Val Grande‹ führen, sind hilfreich, denn die Kirche grenzt an den Park der Villa Remigio). Die zweischiffige Kirche vereint rustikale Schlichtheit mit der typischen Eleganz des hiesigen romanischen Stils. Man nimmt an, dass sie ursprünglich einem Schloss als Kapelle diente. Wenn man das Innere der mit interessanten Fresken geschmückten Kirche besichtigen möchte, muss man beim Pfarrer von SS. Leonardo e Stefano in Pallanza um die Schlüssel bitten!

Villa San Remigio: Salita S. Remigio, ca. 30 Min. zu Fuß, Mai/Juni Fr/Sa, Juli–Sept. Fr–So, Besichtigung von Park und Kirche nur mit Führung möglich (Beginn: 10 Uhr, Dauer: ca. 2 Std., Preis: 3 €/Person, Info: s. u., vorbestellen!).

Die Villa – Sitz des ›Ente Parco Nazionale Val Grande‹ – ist in einem schönen Gebäude vom Anfang des 20. Jh. untergebracht. Hier legten die Irische Malerin Sofia Browne und der napoletanische Dichter und Musiker Silvio della Valle di Casanova ihren Traumgarten an. Der Park vereint englische und italienische Gartenstile. Die einzelnen Bereiche sind mit unterschiedlichen Namen bezeichnet: ›Garten der Gebete‹, ›der Freude‹, ›der Betrübnis‹, ›der Erinnerung‹ etc., die jeweils in eine andere Stimmung versetzen sollen.

Monterosso (C/D 6) heißt der 693 m hohe Berg hinter Pallanza. Felsen mit prähistorischen Schalensteinen zeugen von früher Besiedlung. Im kleinen Steindorf Cavandone, das mit dem Auto nur von Suna, einem Ortsteil von Verbania, aus erreichbar ist (zu Fuß etwa in 30 Minuten), haben sich ein landwirtschaftlicher Betrieb, ein Imker, eine Kunsttöpferin mit einem schönen Atelier und ein Blumenzüchter (vor allem Kamelien) zusammengetan, um neues Leben in das fast verlassene Bergdorf zu bringen. Inzwischen hat es wieder beinah 100 Einwohner.

In der Azienda Agricola La Nava: Tel. 03 23 55 77 35 kann man (nur mit Vorbestellung für mindestens 8 Personen) bei Grazia und Adalberto essen (Gemüse, Käse, Fleisch sind aus eigener Produktion). 25 € pro Kopf, inklusive Getränke.

Sport & Strände

Tauchen: Aquamix, Via s. Bernardino, 31, Tel. 03 23 5 28 24, 33 55 28 07 36, Sa und So, nur auf Vorbestellung.

Einkaufen

Juli–Anfang Sept. findet Fr abends der Antiquitätenmarkt ›Le Bancherelle‹ statt.

Esselunga: Viale Azzari, 94, Mo–Sa 8–21, So 9–20 Uhr. Gut sortierter Riesensupermarkt. Hier gibt es auch eine Apotheke (Sa und So geschl.) und eine Internet-Bar.

Ausgehen

Die Sommerabende verbringt man möglichst draußen. In jeder Saison öffnen neue Orte, werden Diskomöglichkeiten in alten Parks oder am See kreiert. Man muss sie jeweils neu erkunden und entdecken. Das Informationsbüro hilft.

Estremadura Cafe: Via Troubetzkoy, 144 Cocktail-Bar an der Seepromenade von Suna (etwa 1 km von Pallanza) 10–14, 18–03 Uhr. Mi (im Sommer nur morgens) geschl.

Jeden Do Abend eine neue Kunstausstellung. 18–21 Uhr Happy Hour. Die etwas dunklen Innenräume wirken arabisch. Im Sommer sitzt man draußen. Kalte Platten etwa 6 €, Cocktails 4–7 €.

Feste & Unterhaltung

Corso Fiorito: Seit fast einem Jahrhundert feiert der Corso Fiorito mit aus Blumen gemachten Allegorien – vom Eiffelturm bis zum Rosenhut – Anfang September seine Gäste und die Geschicklichkeit der Blumenzüchter.

Palio Remiero: am 14.8. Ruder-Rennen mit geschmückten Booten und anschließendem Feuerwerk.

Editoria e Giardini: Rund um den Garten mit Vorträgen, Buchausstellungen, Kursen und Führungen durch Parks, die sonst nicht zugänglich sind. Ende August/Anfang September.

Corso Zanitello, 6/8, I 28048 Verbania, Tel. 03 23 50 32 49, Fax 03 23 55 66 69, Mai–Sept. Mo–Sa 9–12.30, 15–18, So 9–12, Okt.–April Mo–Fr 9–14.30, 15–18, Sa 9–12.30 Uhr.

Hotel Novara: Piazza Garibaldi, 30, Tel. 03 23 50 35 27, Fax 03 23 50 35 28, www.hotelnovara.com, info@hotelnovara.com,
16 einfache Zimmer an der Piazza mitten im Ort. Freundliche Atmosphäre. DZ mit Frühstück 77 €. Restaurant, auch draußen ca. 25 €.

Hotel Pesce d' Oro: Via Troubetzkoy, 136, Suna, Tel. 03 23 50 44 45, Fax 03 23 55 72 24, www.hotelpescedoro.it, info@hotelpescedoro.it
Das einstige Kloster aus dem 16. Jh. liegt direkt an der Seepromenade mit kleinem, hübschen Innenhof. Im Sommer werden die Tische unter den Arkaden gedeckt. Moderne, komfortable Zimmer, zum Teil mit Seeblick und kleinem Balkon. DZ mit Frühstück 70/88 €.

Albergo Villa Azalea: Salita S. Remigio, 4, Tel. 03 23 55 66 92, Fax 03 23 50 80 62, www.albergovillaazalea.com,
In dem von Enrico Leccardi und seiner Mutter seit über 40 Jahren geführten Hotel mit großem Park hinter der Villa Taranto hat man das Gefühl, Gast in einer Privatvilla zu sein. Reichhaltiges Frühstück. DZ mit Frühstück 70 €.

Hotel Majestic: Via Vittorio Veneto, 32, Tel. 03 23 50 43 05/7, Fax 03 23 55 63 79, www.grandhotelmajestic.it, reception@grandhotelmajestic.it.
Schönes, renoviertes Gebäude aus dem 19. Jh. mit großen Zimmern, Park, Privatstrand und Anlegestelle, Schwimmbad, Sauna, Tennisplatz. DZ mit Frühstück 175/240 €

Jugenherberge Villa Congrave: Via alle Rose, 7, Tel. 03 23 50 16 48, Fax 03 23 50 78 77, 8–11, 16–17.30, 22–23.30 Uhr.
Die bislang einzige Jugendherberge *(ostello)* auf der italienischen Seeseite. Die Mitgliedskarte für Jugendherbergen kann man hier erwerben. Die Herberge liegt inmitten eines großen Parks auf der Castagnola. Große Mehrbetträume, zwei 4-Bett-Zimmer für Familien (Rabatt!), zwei 2-Bett-Zimmer mit eigenem Bad. Es gibt auch ein großes Zimmer mit Bad für Behinderte. Mahlzeiten muss man vorbestellen.

Boccone di Vino: Via Troubetzkoy, 86, Suna, Tel. 03 23 50 40 39, So geschl., ca. 20/25 €. Gegenüber der NLM-Anlegestelle von Suna. An den wenigen Tischen kann man – auch draußen – in netter Atmosphäre speisen. Gute Weine, ein Tagesgericht oder Käse- und Aufschnitt-Teller.

Al Porto: Via Zanitello, 3, Tel. 03 23 55 71 24, Di geschl.
Sowohl einfaches Restaurant (ca. 20 €) als auch Bar, im ersten Stock mit schöner Terrasse.

Milano: Corso Zanitello, 2, Tel. 03 23 55 68 16, Mo abends und Di geschl. ca. 40/50 €.
Man sitzt sehr schön auf der Terrasse oder in den Räumen der alten Villa. Gute, raffinierte Küche.

Vineria Italiana: Via dell' Arco, 1, Ecke Viale delle Magnolie, Tel. 03 23 55 88 42, www.vineria-italiana.it.
Der Sommelier Fabio Boni bietet über 400 ausgewählte Weine (22 im Glas). Die Küche ist bis 24 Uhr geöffnet. Drinnen sitzt man an großen, alten Holztischen, draußen auf einer kleinen Terasse (höchstens 16 Plätze) mit Blick auf den See. Käse- und Wurstplatten, hausgemachte Pasta, köstliche *risotti*, auch Fisch. Kleine Gerichte gibt es ab 5 €, ein komplettes Essen mit einem Glas Wein kostet ca. 25 €.

Bahn: Bahnhof Verbania (s. S. 81), ca. 10 km entfernt.
Busse: Verbindung mit Verbania Mo–Sa alle 30 Min., So stündlich; nach Omegna, Intra, Domodossola und Locarno mit ›CON.SER. V.C.O.‹ und mit ›Nerini‹ nach Intra und Dormelletto; wenige Verbindungen bis nach Novara.
Schiffe: NLM-Anlegestelle, Via Magnolie, Tel. 03 23 50 33 20.

Porto Valtravaglia (I) (E 5)

Der lebhafte, kleine Ort (2 500 Einw.) zwischen Luino und Laveno wurde aufgrund seiner Lage zwischen der Val Travaglia und der Valcuvia schon früh industrialisiert. Wirtschaftlich spielten vor allem Glashütten im 19. Jh. hier eine große Rolle. Heute hat Porto Valtravaglia sich zum Touristenmagnet gemausert. Auf der Straße landeinwärts nach Germignaga/Luino gelangt man zum Ort Brezzo di Bedero (ca. 5 km, Buslinie Luino–Nasca), über dem sich die Kirche S. Vittore auf einer kleinen Anhöhe erhebt. Der romanische Bau stammt aus dem 12. Jh., die Fresken vom Beginn des 16. Jh. Von Juni bis Sept. findet hier die Stagione Musicale della Canonica, eine schöne Konzertreihe u. a. auf einer Orgel aus dem 19. Jh. statt (Info: IAT Varese, Tel. 03 32 53 00 19).

Hotel Tistorante Caminetto: in Brezzo di Bedero, via Belvedere, 50 Tel. 03 32 53 28 80, Fax 027 00 52 76 90,
www.hotelcaminetto.com
Einfaches 12-Zimmerhotel. Es hat ein Schwimmbad und ein Restaurant mit großer Terrasse. DZ 65 €.

Bahn: Tel. 03 32 62 66 44, Züge nach Luino und Laveno.
Busse: nach Luino und Laveno.
Schiffe: Anlegestelle der NLM.

Ranco (I) (D 9)

Das ruhige, villenreiche Dorf (1 000 Einw.) liegt auf einer kleinen Anhöhe überm See. Nicht weit von hier wurde der wichtigste erratische Felsen der Gegend gefunden, der ›Sass Cavalàsc‹. Er stammt entweder aus der Val d' Ossola oder aus dem Tessin. Die Gneisplatte, die schräg am Ufer lehnt, ist allerdings nur bei niedrigem Wasserstand zu sehen.

Sehenswert

Museo Europeo dei Trasporti: Via Alberto, 99, Tel. 03 31 97 66 14, April–Sept. Di–So 10–12, 15–18 Uhr, Okt.– März 10–12, 14–16.30 Uhr. Eintritt frei, Spende erbeten.
Originelles Verkehrsmuseum (Extra-Tour 3, s. S. 113).

Einkaufen

Pasticceria Brovelli: Via C. Alberto, 2, Tel. 03 31 97 66 83.
Hier ist die ganze Familie am Werk. Vor allem zu empfehlen: die *torta mousse au chocolat*. Das eigentliche Geschäft ist in Angera.

Hotel Conca Azurra: Via Alberto, 53, Tel. 03 31 97 65 26, Fax 03 31 97 65 72, www.concazzurra.it, DZ mit Frühstück 125/140 €.
Mitten im Grünen mit Blick auf den See. Komfortable Zimmer mit Balkon/Terrasse, Schwimmbad, Tennisplatz und Restaurant mit schönem Blick.
Ristorante Belvedere: Via Piave, 11, Tel. 03 31 97 66 09, Mi geschl., ca. 35 €.
Gepflegte Küche, vor allem Fische aus dem See und eine gute Weinkarte.
Il Sole di Ranco: Piazza Venezia, 5, Tel. 03 31 97 65 07, www.ilsolediranco.it, ivanett@tin.it, Mo und Di geschl., Mitte Mai–Mitte Sept. nur Mo mittags und Di, Dez.–Jan. geschl., Degustationsmenü 85 €, mit Wein 125 €, à la carte ohne Wein 70/100 €.
Sehr bekannt und in allen Gastronomieführern zitiert! Am schönsten ist die große Gartenterrasse, auf der erlesene Köstlichkeiten serviert werden. Auch Hotelbetrieb DZ mit Frühstück 180 €.

Bahn: nächster Bahnhof in Sesto Calende (s. S. 98).
Busse: Zwei Busse fahren am Tag nach Mailand, des Weiteren Busse nach Sesto Calende und Varese.
Schiffe: Anlegestelle der NLM.

Highlight 11

S. Caterina del Sasso (I) (D 7)

Südlich von Reno erhebt sich einsam und einmalig schön gelegen das kleine Kloster unter einem Felsrand, der steil ins Wasser abfällt. Die Legende erzählt vom selig gesprochenen Alberto da Besozzi, einem reichen Tuchhändler, der im 12. Jh. Schiffbruch erlitt. Er gelobte der hl. Katerina von Alessandria im Fall seiner Rettung, sein Leben als frommer Einsiedler zu verbringen. Erste gesicherte historische Daten stammen aus dem 13. Jh, als Dominikaner hier ein Kloster errichteten. Die einzelnen Bauperioden sind noch klar erkennbar.

Trotz der gefährlichen, vom Felsrutsch bedrohten Lage wurde der Komplex ständig erweitert. Man betritt zunächst den Convento Meridionale (15.–19. Jh.), dessen ältester Teil ein schöner Kapitelsaal mit Fresken aus dem frühen 15. Jh. ist. Darunter sind großartige Fragmente einer Schlacht und der Heilung eines gebrochenen Pferdebeins. Als nächstes Gebäude folgt der elegante Conventino aus dem 14. Jh. Unter den Arkaden sieht man das Freskogemälde eines Totentanzes. Erst jetzt gelangt man zur eigentlichen

S. Caterina del Sasso: von einem reichen Tuchhändler gestiftet

Kirche, die aus verschiedenen Gebäuden zusammengewachsen ist: aus einer ersten kleinen Kapelle (12. Jh.) und drei weiteren Bauteilen, über denen 1640 eine Steinlawine noch rechtzeitig zum Stillstand kam. In den 70er Jahren des 20. Jh. begann man endlich, die völlig verfallene Anlage zu restaurieren und so der Provinz Varese ein Kleinod zu vermachen. Den schönsten Blick auf das zwischen Himmel und Wasser an den Felsen geschmiegte Kloster hat man vom See aus. (Ostern– Sept. 8.30–12, 14.30–18, Okt.–März Sa, So und an Feiertagen und vom 23.12.–6.1. 9–12, 14–17 Uhr, Eintritt frei, Tel. 03 32 64 71 72).

Hotel Riva Meublè: außerhalb in Leggiuno, Ortsteil Reno, Via Lungolago, 14, Tel./Fax 03 32 64 71 70, März–Okt.
www.paginegialle.it/hotelriva,
Ruhiges, einfaches Hotel direkt am See. Schöner Blick von den Balkonen und der schattigen Terasse. Mittags und Abends kalte Küche. DZ mit Früstück 60–80 €.

Hotel Sasso Moro: Via al Moro, Arolo (D 7), Tel./Fax 03 32 64 72 30, DZ 77 €.
Das Hotel liegt auf einem Felsen direkt am Wasser. Nebenan Liegeplatz für Segelboote. Das Restaurant ist nur für große Bankette in Betrieb.

Mit den **Schiffen** der NLM von Stresa gelangt man zur Anlegestelle S. Caterina del Sasso. Mit dem Auto biegt man auf der Straße zwischen Arolo und Reno zum ausgeschilderten Parkplatz ab. Von dort geht es dann viele Stufen mit wunderschönem Blick auf den See zum Kloster (etwa 10 Min.) hinab.

Sesto Calende (I) (E 10)

Hier in Sesto Calende (9 500 Einw.) verlässt der Ticino den See. Eine Doppelbrücke aus Eisen führt über den Fluss auf die piemontesische Seite. Als Tor zum Süden erlangte der schon in römischer Zeit wichtige Verkehrsknoten und Handelspunkt Sesto Bedeutung. Zwei Kriegergräber aus der Eisenzeit bezeugen, dass hier die Grenze des von Etruskern und Galliern umstrittenen Gebiets verlief, in dem sich in prähistorischer Zeit die Golasecca-Kultur entwickelt hatte. Nur die am Fluss gelegene Altstadt mit einer schönen Uferpromenade fiel nicht der Bauwut der Nachkriegszeit zum Opfer.

Sesto ist das Tor zum größten Flusspark Europas, dem ›Parco Naturale del Ticino‹, der sich den Ticino entlang bis Pavia erstreckt. Leider grenzt er an den Flughafen Malpensa und ist somit stark belastet. Info über den Park bei Ente die Gestinone Parco in Oleggio, Tel. 032 19 30 28.

Sehenswert

Museo Civico Archeologico:
Piazza Mazzini
Mo–Do 9–12, 14.30–16.30, So 15–18 Uhr, Juli/Aug. Mo, Mi, Fr 9–12.30, Di, Do, 9–12, 14.30–16.30, So 16–19 Uhr, Eintritt: 2 €.
Das Museum beherbergt vor allem Fundstücke aus der Golasecca-Kultur (9.–5. Jh. v. Chr.), der größten italienischen Kultur der Eisenzeit. Die Relikte aus den beiden Kriegergräbern befinden sich in Mailand und in Varese. Golasecca (E 11) ist ein kleiner Ort südlich von Sesto Calende, bei dem die wichtigsten Funde gemacht wurden.

S. Donato: Ca. 5 Min. vom Bahnhof zu Fuß. Nördlich von Sesto auf der alten Straße nach Taino (E 9) steht die sehr interessante romanische Kirche, die zu einem Benediktinerkloster (9.–11. Jh.) gehörte. Das Innere birgt Fresken aus dem 15./16. Jh. Knapp 1 km weiter steht einsam das romanische Kirchlein **San Vincenzo** mit Fresken aus dem 15. und 16. Jh. Von hier geht es wenige Schritte in den Wald zu einem großen erratischen Stein, dem ›Sasso della Preia Buia‹ mit Schalensteinen und anderen prähistorischen Zeichen.

Einkaufen

Mi ist **Markt.**
An jedem dritten Sa im Monat (außer im August) **Sextum mercatum,** ein Antiquitäten- und Flohmarkt an der Seepromenade.

Ferramenta Fratelli Riboni: Via dell' Industria, 3.
Jegliche Art von Werkzeug etc. und die ausgefallensten Schrauben für Boot und Auto.

T. J. Vestor: Via Roma, 716, außerhalb in Golasecca gelegen, Tel. 03 31 95 81 01.
Direktverkauf für Haushaltswäsche des berühmten Modezars Missoni.

Ausgehen

La Marna: Piazza Cesare da Sesto, 2.
Sa Abend Disko mit lateinamerikanischer Musik, Do und So Abend »ballo liscio« (Tanz), Eintritt: Herren 10,50 €, Damen 8 €.

Viale Italia, 3, Tel. 03 31 92 33 29, Mo–Fr 10–12, 14–18, Sa 10–12 Uhr, www.prosestocalende.it, prosestocalende@libero.it,

Hotel La Collinetta: Fraz. Cocquo, 35, Tel. 03 31 92 41 38, www.hotellacollinetta.com, lacollinetta@tin.it, DZ mit Frühst. 75 €.
3 km nördlich von Sesto Calende, ruhig gelegenes, neues 7-Zimmer-Hotel mit Restaurant, kleinem Schwimmbad und Tennisplatz.

Hotel del Parco: Via Marconi, 42, Tel. 03 31 92 25 77, Fax 03 31 92 37 31, DZ mit Frühstück 64 €.
Richtung Golasecca. Zwölf einfache

und komfortable Zimmer zum Ticino, Garten.

Albergo Agnello: Via Garibaldi, 22, außerhalb in Taino, Tel./Fax 03 31 95 65 02, www.albergoagnello.com, albergoagnello@genie.it, DZ mit Frühstück 80/90 €.
Gemütliches Hotel mit Garten, in dem sich Schildkröten verstecken. Angenehme, frisch renovierte Zimmer, kleines Familienapartment. Im Sommer isst man unter Linden hausgemachte Pasta, Fisch, gut sind auch die selbst gemachten Nachtische. Ca. 25/30 € mit dem Wein des Hauses.

Holly Drink: Via Zutti, 2, Tel. 03 31 92 06 10, 8.30–21 Uhr, Fr/Sa bis 23 Uhr.
Die Bar in der Altstadt bietet 450 Weinsorten und köstliche Kleinigkeiten wie gegrilltes Gemüse, Braten oder Klöpse.

Mosé: Via Pontello, 14, Lisanza, Tel. 03 31 97 72 10, Mo, Di geschl. nur abends offen außer am Wochenende. ca. 60 €.
Hervorragendes Lokal ca. 3 km nördlich von Sesto. Unbedingt vorbestellen!

Bahn: Piazzale della Stazione, Tel. 03 31 92 44 67.
Züge nach Luino, Mailand, Novara und Domodossola

Busse: Zweimal am Tag nach Mailand, des Weiteren nach Arona, Intra und Varese.

Ziele in der Umgebung

Parco Regionale della Valle del Ticino: Info bei Camping Il Gabbiano, Viale Europa, 81, Golasecca, Tel. 03 31 95 91 31, www.parcoticino.it
Großes Naturschutzgebiet an den Ufern des Ticino. Unter dem Autobahnpfeiler, schräg gegenüber vom Campingplatz führt ein ausgeschilderter Weg durch den Wald zu den Gräbern der Golasecca-Kultur (ca. 20 Min.).

Stresa (I) (C 7)

Mit seiner besonders schönen Lage an der Borromeo-Bucht und einer einzigartigen Sicht auf die Borromäischen Inseln und Berge, im Hintergrund die Hänge des Mottarone, ist Stresa heute mit seinen 5 000 Einwohnern die Perle des Verbano. Das einstige römische Strixia gewann Anfang des 19. Jh. an Bedeutung, nachdem Napoleon die Simplonstraße eröffnet hatte. Die Blütezeit begann Ende des 19. Jh., als die luxuriösen Jugendstilhotels entstanden. Stresa avancierte zum beliebten Treffpunkt sowohl vieler Künstler und Dichter als auch gekrönter Häupter und anderer wichtiger Persönlichkeiten. Die Konferenz von Stresa (11.–12.4. 1935) fand im ›Hotel des Iles‹ statt. Noch heute ist der Ort ein teures Pflaster mit Luxuspalästen, die noch von der Belle Époque träumen. Auch als Kongresszentrum ist Stresa sehr beliebt. Man lässt das Auto auf der Piazza Marconi vor der Schiffsanlagestelle, geht durch kleine Stäßlein voller Delikatessenläden und Boutiquen und erreicht das Herz der Stadt: die von Arkaden gesäumte Piazza Cadorna mit ihren Cafés.

Sehenswert

Villa Ducale: S.S. Sempione, Tel. 03 23 3 00 91, Mo–Fr 9–12, 15–18 Uhr, Eintritt frei, Spende erbeten.
Der *palazzo* aus dem 18. Jh. wurde 1848 dem Philosophen Rosmini vermacht und beherbergt heute das ›Centro Internazionale Studi Rosminiani‹.

Villa Pallavicino: Tel. 03 23 3 15 33, 03 23 3 24 07, März–Okt. 9–18 Uhr,

zu Fuß 20–30 Min., Eintritt: Erw. 6,40, Kinder 4,60 €, Extra-Tour 2, s. S. 110.
Gleich hinter Stresa an der Seeuferstraße nach Arona liegt der schöne Park aus dem 19. Jh. in englischem Stil. Es gibt aber auch einen italienischen Rosengarten und einen Zoo.

Sport & Strände

Golf des Iles Borromées: Motta Rossa / Brovello Carpugnino, Tel. 03 23 92 92 85, Mo geschl. außer Juni–Sept. www.golfdesilesborromees.it
18-Loch-Golfplatz im Vergante (s. Arona, S. 44) oberhalb von Stresa.
Golf Club Alpino di Stresa: Vezzo (7 km von Stresa), Tel. 03 23 2 06 42, www.golfalpino.it., April–Nov. Di geschl. außer Juli/Aug.
9-Loch-Parcours, nur für Mitglieder eines Golfclubs zugänglich.
Club Nautico: S.S. Sempione Sud, 17, Tel. 03 23 3 05 51.
Segelschule und Bootsverleih. Motorboote: ab 26 €/Std. (Minimum 3 Std.), Segelboote: ab 21 bzw. 31 €/Std. (min. 3 Std.), Wasserski: 62 € für 20 Min.
Bicico Mountain Bikes: an der Mottarone-Seilbahn-Station, Tel. 03 23 3 02 95, 33 88 39 56 92, www.bicico.it.
Leihräder und organisierte Fahrradtouren. 1 St. 5,50 €, 1 Tag 26 €.
Gleitschirm: Aerosport Via Molinari, 63, Tel. 03 23 3 34 02, Handy 36 83 00 31 77, Signor Giorgio Miglio, www.aerosport.it.
Ein Flug im Zweisitzer kostet 55 €.

Einkaufen

Markt: Jeden Freitag auf der Piazza Capucci.

Ausgehen

Schick ist es, sich in der **Gigi Bar** (Corso Italia, 30) zu treffen, die auch eine renommierte Konditorei ist. Im Sommer wird sie zur Pianobar umfunktioniert.
Im sehr feinen **Hotel Regina Palace** gibt es Tanz (Corso Umberto I.)
L'idrovolante, Piazzale Lido, So–Do 8–24, Fr, Sa bis 2 Uhr.
Mittags Bistro, abends Pub-Atmosphäre und mit Seeblick. Di Livemusik.
La Villa, Lungolago (am Seeufer etwa auf der Höhe vom Hotel La Fontana Meublè): Die Villa steht leer, doch man sitzt im Park bei Kerzenlicht mit Blick auf die Inseln. Nur Sonntags von Juni–Sept 19.30–22 Aperitiv, 22–02 Uhr Live Jazz.

Feste & Unterhaltung

Die **Settimane Musicali** bieten Ende Aug./Anfang Sept. im Palazzo dei Congressi und den *palazzi* der Isola Bella und der Isola Madre (Via Carducci, 38, Infos Tel. 03 23 3 10 95) ein Musikprogramm mit weltbekannten Solisten und Orchestern.
Seit einigen Jahren gibt es auch auf der piemontesischen Seite von Arona bis Cannobio Ende Juli ein beachtliches **Jazzfestival.** Eintritt gratis. Auskünfte über das Programm unter Telefon 03 23 3 04 16.

Piazza Marconi, 3, Tel. 03 23 3 01 50, 03 23 3 13 08, März–Okt. 10–12.30, 15–18.30, Nov.–Feb. Mo–Fr 10–12, 15–18 Uhr.
Touristinfo Piemont: Via Principe Tomaso, 70,Tel. 032 33 04 16, www.distrettolaghi.it, infoturis mo@distrettolaghi.it, Mo–Fr 9– 13, 14–18 Uhr.

Hotel La Locanda: Via G. Leopardi, 19, Tel./Fax 03 23 3 11 76, www.stresa.net/hotel/lalocanda/, Anfang Nov. bis Mitte März geschl.

Kleiner, ruhig gelegener Familienbetrieb mit zwar kleinen, aber angenehmen Zimmern. DZ ohne Früstück 50 €. Parkplatz im Innenhof. Autos 5 €, Motorräder 3 € pro Tag.
Hotel Ristorante Fiorentino: Via Bolongaro, 9, Tel. 03 23 3 02 54, Fax 03 23 93 38 22.
Zu dem freundlich geführten Hotel mit einfachen, sauberen Zimmern gehört ein Restaurant mit Gartenbetrieb.
La Fontana Meublé: S.S. Sempione Nord, 1, Tel. 03 23 3 27 07, Fax 03 23 3 27 08, www.lafontana hotel.com, direzione@la fontanahotel.com, DZ mit Frühstück 90 €.
In der ehemaligen Privatvilla aus den 30er Jahren des 20. Jh. sind auch Hunde gern gesehene Gäste. Die Zimmer sind angenehm eingerichtet. Seeblick im dritten Stock.
Hotel du Parc: Via Gignous, 1, Tel. 03 23 3 03 35, Fax 03 23 3 35 96, www.duparc.it, info@duparc.it, DZ mit Frühstück 135 €.
Ein altes, schönes Gebäude in einem Park abseits des touristischen Gewimmels, nur 3 Min. zu Fuß ins Zentrum. Kinderfreundlich, Hunde willkommen. Die Zimmer im Nebengebäude sind günstiger. DZ mit Frühstück 110 €.
Hotel Lido La Perla Nera: Viale Lido, 15, Tel. 03 23 3 36 11/12, Fax 03 23 93 37 85, www.stresa.net/hotel/lido, h.lido@stre sa.net, März–Okt., DZ mit Frühstück 120 €.
Direkt gegenüber der Seilbahn. Mit komfortablen Zimmern und elegantem, verspiegeltem Schwimmbad. Wer bei schönem Wetter lieber draußen schwimmt, kann den Pool des Hotel Astoria (20 Min. zu Fuß) nutzen.
Grand Hotel des Iles Borromées: Corso Umberto I., 67, Tel. 03 23 93 89 38, Fax 03 23 3 24 05, www.borromees.it, borromees@stresa.net.
Das Symbol der Stadt! Luxushotel mit Health-, Beauty- und Wellness-Programm (www.centrobenesserestresa.it) und jeglichem sonstigen Komfort.

Piemontese: Via Mazzini, 25, Tel. 03 23 3 02 35, Mo geschl.
Altbewährtes, traditionelles Restaurant, gute Weinauswahl ca. 50/60 €.
San Giovanni: S. S. Sempione Sud, 98, außerhalb Richtung Belgirate, Tel. 03 23 3 11 64.
Große Terrasse und Blick auf den See. Eine Anlegestelle für Motorboote ist vorhanden.

Bahn: Tel. 03 23 3 04 72; Züge nach Mailand und Domodossola–Simplon.
Busse: mit ›Nerini‹ nach Intra und Dormelletto und Novara, mit den ›Autolinee Novaresi‹ nach Domodossola und Novara, nach Orta über Gignese.
Schiffe: Anlegestelle der NLM, Piazza Marconi, Tel. 03 23 3 03 93.

Ziele in der Umgebung

Mottarone (B 7): Hier gibt es Hotels, Restaurants und Bars. Die Seilbahn (Funivia, Piazzale Lido, Tel. 03 23 03 02 95, www.stresa.net/funivia, Hin-und Rückfahrt: Erw. 11€, Kinder 6,20 €) fährt auf 1 491 m Höhe.
Im Winter kann man Skilaufen mit allerschönsten Ausblicken auf die Seen, die Schweizer Alpen und den Monte Rosa. Es führt auch eine Straße hinauf, deren letztes Stück mautpflichtig ist.
Gignese (C 7): Busverbindung. Hier befindet sich das Schirmmuseum, April–Sept. Di–So 10–12, Juli/Aug. auch Mo, 15–18 Uhr, Erw. 2 €, Kinder 1 €, Extra-Tour 3, s. S. 112.
Alpino: Zwischenstation der Seilbahn auf den Mottarone. Sonst über Gigne-

se, im Sommer fahren Busse. Hier lockt der ›Giardino Alpinia‹ (807 m), ein Alpengarten mit ca. 800 Pflanzen, darunter sehr viele Heilkräuter. Der Gartenbesuch lohnt sich nicht nur für Kräuterfans – man genießt auch wundervolle Blicke über den Lago Maggiore (Info: Touristinfo in Stresa, 1. April–15. Okt. 9 – 18 Uhr, Mo geschl. Eintritt: 1,20 €)

Varese (I) (H 8)

Die ursprünglich mittelalterliche ›Villenstadt‹ Varese (90 000 Einw.) wurde leider in den 20er und 30er Jahren des 20. Jh. im Protz jener Zeit zur Provinzhauptstadt umgebaut. Nur die Altstadt um die arkadengesäumte Fußgängerstraße Corso Mateotti und die Villengegend in Biumo Superiore haben ihren Charakter bewahrt. Doch die reiche Stadt mit vielen schicken Geschäften und Cafés hat sich zum Glück in den letzten Jahren ihrer Schätze besonnen und stellt sie nun stolz aus. Die Basilika di San Vittore mit ihrem hohen Campanile und vor allem ihr Baptisterium (12.Jh.) sind einen Besuch wert. Hinter dem schönen Palazzo Estense, erbaut für einen Stadthalter Maria Theresias aus dem Hause Este, heute das Rathaus, liegt ein prächtiger italienischer Garten: die Kopie des Parks von Schönbrunn in Miniatur.

Sehenswert

Museo Civico: Das Museum in der Villa Mirabello besitzt nebst einer interessanten prähistorischen und archäologischen Abteilung eine Sammlung mit Bildern lombardischer Künstler. Mo geschl. 9.30–12.30, 14–17 Uhr, Eintritt 2 €.

Castello di Masnago: In Masnago, einem Vorort von Varese, steht das Schloss aus dem 15. Jh. Seit 1995 beherbergen seine Räume das Civico Museo di Arte Moderna mit Werken unter anderem von Pelizza da Volpedo, Balla, Fontana. Das Schloss selbst mit seinen freskierten Sälen mit Szenen aus dem höfischen Leben ist auch sehenswert, vor allem der Saal mit den gotischen Fresken, die die Tugenden und Laster darstellen. Di–Sa 10.30–18.30, So 10.30–12.30/14 Di–Sa 10.30–18.30, So 10.30–12.30/14.30–18.30 Uhr, Mo geschl. Eintritt 4 €.

Highlight 12

Villa Panza Lichtinstallationen und Minimal Art in den großen Räumlichkeiten einer barocken Villa.
Di–So 10–18 Uhr Eintritt: 8 €, Ki 4–12 Jahre 2,50 €, bei Ausstellungen variiert der Preis. S. Extratour 4, S. 115.

Einkaufen

Märkte: Mo, Do und Sa auf dem Platz zwischem den beiden Bahnhöfen.
Mercatino Bosino: 1. So im Monat außer Aug.
Paese dei Sapori: 3. So im Monat außer Juli/Aug. Produkte von kleineren Herstellern aus der Gegend.
Die Fußgängerstraße **Corso Mateotti** und ihre **Seitenstraßen** bieten von Gastronomie über Mode und Einrichtungsläden alles, was das Herz begehrt.

Ausgehen

Bar Emporio: Piazza Stazione. In dieser Cocktail-Bar gibt es einen Zigarrenraum mit über 400 Cuba-Zigarren.
Beachclub in Portoronco, Strada Cantonale. Essen, Bar und Beachpartys. Man sitzt bei Kerzenlicht auf Kissen am Strand. Am Fr Abend Konzerte Mo/Di 9.30–20, ansonsten 9.30–0 Uhr.

Feste & Unterhaltung

Falò di Sant'Antonio am 16. Jan. in der Piazza della Motta

Festival del Gospel im Juli mit Gruppen aus aller Welt im Theaterzelt von Varese. Info: www.varesottoturismo.com

Via Carrobbio, 2, Tel./Fax 03 32 28 36 04, www.vareseturismo.com, 9.30–12.30, 14.30–18 Uhr

Bologna: Via Broggi, 7, Tel 03 32 23 31 00, Fax 03 32 28 75 00, www.albergobologna.it, info@albergobologna.it
Das Hotel liegt am Rande der Fußgängerzone und ist Teil eines ehemaligen Klosters aus dem 16. Jh. Über enge Steintreppen erreicht man die großen, angenehmen Zimmer. DZ 85 €.

Palace Hotel: Via Manara, 11, Tel. 03 32 32 71 00, Fax 03 32 31 28 70, www.palacevarese.it.
Ein von weitem sichbarer pompöser Jugendstilpalast mitten in einem weitläufigen Park mit Tennisplätzen. Von hier hat man einen Traumblick auf den Monte Rosa und die Alpenkette, den Lago di Varese und die Umgebung. Große, stilvolle Zimmer. DZ mit Frühstück 170/255 €.

Bologna (s. Hotels): Die Atmosphäre ist sympatisch, die Küche gut und die Portionen sind groß. Spezialität sind die vielen Antipasti, von denen man sich so viel nehmen darf, wie man will. Dann kommen die primi und dann viel Fleisch vom Grill. Ca. 35 €.

Bahn: Varese hat zwei Bahnlinien, die Ferrovie delle Stato, von Mailand nach Porto Ceresio und die Ferrovie Nord von Mailand nach Laveno.

Ziele in der Umgebung

Sacro Monte (G7)
Der Sacro Monte ist der Lieblingsort der Varesini. Für viele sind es die zwei schönsten Kilometer, die an 14 Kapellen vorbei den Berg nach Santa Maria del Monte hochführen. Der Heilige Berg wurde 1604 begonnen. Wie seine Vorbilder im Piemont entstand er nach dem Konzil von Trient (1545–63) als Bollwerk gegen die Häresie der Protestanten aus dem Norden und um dem Volk die Religion noch näher zu bringen. Hier wird das Leben und die Passion Christi in sehr anschaulicher Art mit lebensgroßen Figuren in bemalten Kapellen erzählt. Eine neue Darstellung der Flucht nach Ägypten malte zu Beginn der 80er Jahre Renato Guttuso. Befragt, warum er, der überzeugte Komunist, ein biblisches Thema male, antwortete Guttuso: das sind Palästinenser auf der Flucht. Anreise entweder mit dem Auto oder mit dem Bus C vom Stadtzentrum in Varese bis zur Prima Capella und ab da zu Fuß. Man hofft, dass die neu eingeweihte Seilbahn im Jahre 2004 wieder funktioniert.

Villa Cicogna (H7): Bisuschio (8 km von Varese) Tel. 03 32 47 11 34
April–Okt, Sa, So und Feiertags 9.30–12 14.30–19 Uhr im August alle Nachmittage.
Die Villa Cicogna Mozzoni in Bisuschio, als Jagdschloss erbaut, ist das wichtigste Beispiel eines Renaissance-Landsitzes im Westen der Lombardei. Die Villa mit antikem Mobiliar inmitten einer schönen italienischen Gartenanlage ist reich an Fresken mit Allegorien, Göttern, Jagdszenen, Festen und Trompe l'oeil nebst nackten Putten und mythologischen Figuren. Die Außenfresken sind leider etwas verblasst.

Chiostro di Voltorre (F 8): am Lago di Varese (8 km von Varese). Im Kreuzgang der kleinen Klosteranlage (12. Jh.) finden Konzerte und Ausstellungen statt. Info: Tel. 03 32 74 39 14.

Isola Virginia (F 8): Die winzige Insel auf dem Lago di Varese – mit wichtigen Funden aus Neolithikum und Bronzezeit – kann man mit einem Boot von Biandronno aus erreichen (12 km von Varese). Ein kleines Museum ist vor Ort, doch die wichtigeren Funde befinden sich im Museum in Varese: Tel. 03 32 28 15 90, Mai–Okt. nur Sa/So 14.30–18 Uhr.

Verbania (I) (D 6)

1939 vereinigte ein königlicher Erlass die vier Orte Pallanza, Intra, Suna und Fondotoce zur Gemeinde Verbania (35 000 Einw.), die damit zur wichtigsten ›Stadt‹ am See wurde. Seit 1992 ist Verbania auch Provinzhauptstadt, die drei Gebiete vereint: den piemontesischen Teil des Lago Maggiore, den Verbano, den Cusio (Lago d' Orta und Umgebung) und die Val d' Ossola. Dank dem reichlichen, Energie spendenden Wasser (hier entstand das erste Elektrizitätswerk Italiens) und der nahen Eisenbahn, die seit 1887 Domodossola mit Genua verbindet, entwickelten sich im 19. Jh. die Textil- und die Metallwerkzeugindustrie. Im 18. Jh. begann man im Strona-Tal damit, Töpfe aus Zinn zu fertigen. Heute ist diese Gegend berühmt für ihre Haushaltswaren, die von den bekanntesten Designern entworfen werden.

Sport & Strände

Golf & Sporting Club in Fondotoce, Strada Statale 34 del Lago Maggiore, Tel. 03 32 8 08 00, www.acme.it/golfverbania
ganzjärig geöffneter 9-Loch-Parcours

Cicolo Golf Piandisole, Via alla Pineta, 1, Premeno (ca. 10 km von Varese), Tel. 03 2 58 71 00, Fax 03 23 58 77 63, info@golfpiandisole.it, www.golfpiandisole.com
9-Loch-Parcours

Bahn: 10 km von Pallanza, Piazzale Stazione, Tel. 03 23 49 60 37.

Busse und Schiffe: s. Intra, S. 66.

Ziele in der Umgebung

Castglione Olona

Etwas weiter südlich von Varese weist das Schild ›Un pezzo di Toscana in Lombardia‹ zu dem Dorf Castiglione Olona, das kostbare Bauwerke und Fresken von Renaissancemalern der Toskana besitzt.

Zum Haushaltswarenparadies

Für an Haushaltswaren Interessierte ist die Straße Richtung Omegna ein Muss. Produktverkauf direkt ab Werk!
Omegna-Crusinallo:
– Alessi: Via privata Alessi, 6, Tel. 03 23 86 86 48, Mo 15–19, Di–Sa 8–12, 15–19 Uhr.
– Lagostina: Via IV. Novembre, 39, Mo 15.30–19.30, Di–Sa 9–12.30, 15.30–19.30 Uhr. Haushaltswaren aus Aluminium und Stahl.
– Bialetti: Via IV. Nov., 123, Tel. 03 23 64 21 32, Mo 15.30–19, Di–Sa 9.45–12.30, 15.30–19 Uhr.
Espresso-/Barkaffeemaschinen.
– Piazza: Via IV. Novembre, 242, Tel. 03 23 64 35 95, Mo 15–18.45, Di–Sa 9–12.30, 15–18.45 Uhr. Töpfe für Profis.

Lago d'Orta

Unübertreffliche Stimmung: wenn es Nacht wird, am Ortasee

13,5 km lang und maximal 2,5 km breit ist der Lago d' Orta mit seiner steilen und rauen Westküste, deren Berge zu den Ausläufern des **Monte-Rosa-Massivs** gehören. Die Ostküste hingegen steigt sanft und freundlich zum **Mottarone** auf, der den Ortasee vom Lago Maggiore trennt.

Zeugnisse menschlicher Siedlungen reichen bis in die Eisenzeit. Von altersher arbeiten auch hier die Menschen in Steinbrüchen: In **Alzo** wird weißer Granit, durchsetzt mit schwarzen Punkten, abgetragen, in **Oira** schlägt man grünen Serpentin aus den Felsen.

Mancher kleine Ort hat hier eine interessante Geschichte zu erzählen – wie das an Steinpilzen reiche **Boleto**, in dem einst republikanische Gesetze herrschten, die den Frauen größere Freiheiten einräumten, als es die Kirche tat.

Der See ist ursprünglicher geblieben als die anderen oberitalienischen Gewässer mit ihren exotischen Gärten. Am Lago d' Orta lässt man der Natur stärker ihren Lauf; charakteristisch ist die Fülle von Hortensien. Auch das Licht- und Farbenspiel ist anders als am Lago Maggiore. Umgeben von einem Kranz grüner Hügel und Berge wirkt das Wasser geheimnisvoll. Ein romantischer Zauber scheint die Region zu umgeben. Schon im Mittelalter lag der kleine Lago auf dem Weg zum **Simplonpass**. Er wurde daher zu einer wichtigen Reiseetappe und erlebte zunächst eine rasche wirtschaftliche Entwicklung. Dann fiel er dem Vergessen anheim, bis ihn die Mailänder im 16. Jh. wieder entdeckten und ihre Residenzen am See errichten ließen.

Von Verbania oder Stresa kommend, erreicht man als erstes das nördliche **Omegna** (B 7), eine laute Stadt mit viel Industrie und Handwerk. Das **Museo d'Arte e Industria Forum** erzählt von der Geschichte der Dampftöpfe, Kaffeemaschinen & Co. Im Forum-Shop kann man auch alle Produkte »made in Cusio« erwerben. Einst gehörte der Ort den Visconti, dann den Borromeo. Von hier stammt übrigens der berühmte Kinderbuchautor **Gianni Rodari**.

Die Weiterfahrt führt über das teilweise touristische **Pettenasco** mit Campingplätzen und Hotels zum zentralen **Orta** (B 9; s. S. 90), das sich auf einer Halbinsel gegenüber der Isola S. Giulio befindet. Das Auto lässt man auf dem Parkplatz neben dem Nobelhotel Villa Crespi stehen. Erbaut wurde dieser Prachtbau im 19. Jh. von dem Tuchhändler Cristoforo Benigno Crespi, der – inspiriert durch eine Reise nach Persien – ein Gebäude mit wunderschöner maurischer Ornamentik errichten ließ.

Der Ort selbst zeichnet sich durch enge Gassen mit schönen Innenhöfen und prächtige Renaissance- und Barockhäuser aus. Das Zentrum Ortas bildet die zum See hin offene **Piazza Motta** mit ihren Laubengängen und dem **Palazzo della Comunità della Riviera**, dem Rathaus aus dem Jahre 1582, in dem heute Ausstellungen stattfinden. Mittwochs herrscht ein buntes Treiben auf dem Platz: Dann findet – seit 1228 – der wöchentliche **Markt** statt. An den anderen Tagen ist die geschichtsträchtige Piazza ein Ort, der zur Muße und Kontemplation einlädt. Hier kann man stundenlang unter großen Kastanienbäumen sitzen, Kaffee trinken, träumen und auf die **Isola S. Giulio** (A 9) blicken.

Der Legende nach war die Insel von Schlangen und Monstern bewohnt, bis im Jahre 390 der **hl. Julius** hier ankam. Da kein Fischer ihn übersetzen wollte, breitete er seinen Mantel aus, benutzte den Wanderstab als Ruder und vertrieb die Untiere von dem wüsten Felsen. Das wichtigste Gebäude der Insel ist die im 4. Jh. vom heiligen Julius aus Aegina gegründete, reich mit Fresken, Säulen und Kapellen ausgestattete Kirche. In ihr steht ein Meisterwerk der norditalienischen, romanischen Kunst: Es handelt sich um eine im 11. Jh. erbaute, reich verzierte Kanzel aus schwarz-grünem Marmor, der in Oira, einem kleinen Ort am See, abgebaut wurde. Die Schatten ihrer strengen Gestalten und viele Fabelwesen, anthropomorphe Figuren, Tiere und Krieger scheinen die Kanzel zu beleben (Di-So 9.30-12.15 14-18.45 Uhr). Ein kleiner Weg schlängelt sich um die Insel, deren Privathäuser meist verschlossen sind.

Es herrscht eine weltferne, fast feierliche Atmosphäre auf der von 30 Nonnen bewohnten und mit einem einzigen Lokal ausgestatteten Insel (Überfahrt: April–Okt. alle 20 Min. hin und zurück Orta–San Giulio 2,60 €)

Zurück in Orta versäume man nicht den Ortsteil **Legro** zu besichtigen, den zehn Künstler im Juli 1998 mit Freskenmalereien verschönert haben. Dann sollte man noch von der Pfarrkirche aus auf den **Sacro Monte** steigen, den 1882 Friedrich Nietzsche und seine Muse Lou Salomé besuchten. Der 400 m hohe Berg befindet sich in einem wunderschönen Naturpark, dessen 20 Kapellen mit 376 lebensgroßen Figuren und Fresken (1591–1770) vom Leben des **hl. Franziskus von Assisi**, dem Schutzpatron Italiens, erzählen. Er ist einer der *sacri monti*, die im 16. Jh. unter **Carlo Borromeo** als Bollwerk gegen die Häresie aus dem Norden (die Protestanten der nahen Schweiz) entstanden (s. auch Extratour 1). Der Marien- und Heiligenkult sollte durch realistische Darstellungen noch fester in den Menschen verankert werden.

Auch rings um den Ortasee gibt es interessante Museen: Im kleinen Ort **Quarna Sotto** (A7) erzählt das **Museo Etnografico e dello Strumento Musicale** (Via Roma, 5, Tel. 03 23 82 60 01) von den Blasinstrumenten, die hier produziert und im 19. Jh. in alle Welt exportiert wurden. Es besitzt eine Sammlung von über 300 dieser Instrumente.

Die **Fondazione Calderara** in **Vacciago**, einem Ortsteil von **Armeno**, (Tel. 03 22 99 81 9 geöffnet: Mitte Mai bis Mitte Okt, 10-12, 15-18 Uhr, Mo geschl.), zeigt eine interessante Sammlung moderner Kunst mit Bildern des Malers **Antonio Calderara** (1903–1978) und seiner Zeitgenossen. Sie befindet sich in seinem Haus, einem eleganten, dreistöckigen, von Loggien geschmückten Gebäude aus dem 17. Jh.

Eine schöne Rückfahrt zum Lago Maggiore bietet die Route über Armeno– Gignese–Stresa.

Extra-

Fünf Extras am See der ›zauberhaften Landschaften‹

1. Auf den Spuren der mächtigen Familie Borromeo – Burgen, Paläste und Parkanlagen zeugen von Macht und Reichtum
2. Parks und Gärten – Prächtige Gartenanlagen entlang des Westufers laden zum Verweilen ein

Alle Touren sind auf dem großen Faltplan eingezeichnet

Touren

3. Museen um den Lago Maggiore – Vielfältige kulturelle Angebote rund um den See
4. Villen, Klöster, Op- und Pop-Art
5. Wandern in der Val Grande – Urwüchsige und unberührte Natur mit unzähligen Ausflugsmöglichkeiten

Tour 1

Der Borromeo-Palast auf der Isola Bella – ein Wahrzeichen von Macht und Reichtum

Auf den Spuren der mächtigen Familie Borromeo

Am Lago Maggiore stößt man auf Schritt und Tritt auf die Borromeo. Ähnlich wie Landesfürsten haben Mitglieder dieser Familie jahrhundertelang die Geschichte der Region bestimmt. **Vitaliano Borromeo** war Schatzmeister von Filippo Maria Visconti und wurde von ihm zum Dank für seine Dienste in der ersten Hälfte des 15. Jh. mit Arona belehnt. Später erhielt er den erblichen Grafentitel. Durch Zukäufe und weitere Schenkungen erstreckte sich der Besitz der Familie Ende des 15. Jh. schließlich fast rund um den See. Bis heute hat sie sich einen beachtlichen Teil bewahrt.

Die Geschichte nennt Politiker, hohe Militärs und Künstler, Priester und Kardinäle dieses Namens. Der berühmteste ist **Carlo Borromeo,** der am 2.10.1538 in der Rocca di Arona (D 9, s. S. 40ff.) geboren wurde und schon als junger Geistlicher Führungsqualitäten zeigte. Er bekam das Kloster von Arona, wurde 1563 schon Kardinal und im Jahr darauf Erzbischof von Mailand, wo er 1584 starb. Da der Lago Maggiore zur Diözese Mailand gehörte, trifft man am See überall auf den 1610 heilig gesprochenen Carlo. Ein Gemälde in der Rocca zeigt ihn mit dem strengen Gesicht des Fanatikers, der als glühender Gegner der Reformation die Neuordnung des Konzils von Trient durchführte.

Sacri Monti

Zu seinen Lebzeiten entstanden die Sacri Monti als Bollwerk gegen die Häresie der Protestanten. Das sind Wallfahrtsorte auf den Bergen, die in Kapellen mit lebensgroßen Terracotta- oder Holzfiguren und Fresken das Leben und die Passion Christi, das Leben des heiligen Franziskus oder das Leben Marias beschreiben. Ihre barocke Ausstattung lag dem Volk viel näher als die schlichte Romanik und die strenge Gotik der Kirchen im Tal.

Federico Borromeo, Vetter und als Erzbischof von Mailand Nachfolger Carlos, wollte seinem ehrwürdigen Verwandten eigentlich einen eigenen *sacro monte* errichten. 15 Kapellen sollten vom See an die Stelle in Angera führen, an der heute die riesige Borromeo-Statue steht und vom Leben des ›eisernen‹ S. Carlo erzählen. Doch Kriege und Geldknappheit des 17. Jh. führten dazu, dass nur drei Kapellen gebaut wurden. Weitere *sacri monti* in Lago Maggiore-Nähe befinden sich in Domodossola am Lago d'Orta und bei Varese.

Macht- und Besitz-erweiterungen der Borromeo

Zeitweilig schuf das Geschlecht der Borromeo wirklich einen Staat im Staat. Man spielte geschickt Schweizer wie Franzosen gegeneinander aus und sicherte sich auf diese Weise den eigenen Machtanspruch. Stolz und gewaltig thront die **Rocca von Angera** über der Stadt und spiegelt die damalige Macht der Borromeo wider. Zusammen mit der einst noch viel wichtigeren, gegenüber liegenden Burg von Arona garantierte sie die absolute Kontrolle über den See. Nach und nach kauften die Grafen von Arona, deren Oberhaupt später sogar den Prinzentitel erhielt, auch noch die Inseln auf dem Lago und prägten mit ihren großartigen Anlagen das Landschaftsbild. Sie befinden sich bis heute im Besitz der Familie Borromeo.

Zunächst erwarb man Ende des 16. Jh. die **Isola Madre,** auf der ursprünglich nur Zitrusfrüchte wuchsen (C 6/7, s. S. 68 und Extra-Tour 2, S. 110). Um 1590 ließ Graf **Renato Borromeo** sich einen prächtigen Palazzo auf dem Eiland errichten, um den herum einer der schönsten botanischen Gärten Europas entstanden ist.

Die Anlage auf der **Isola Bella** (s. o.) wurde Mitte des 17. Jh. gebaut. Die ursprünglichen Pläne dazu stammten von Graf Carlo III. Borromeo, ausgeführt hat sie dann sein Nachfahre Vitaliano. Reisende aus der ganzen Welt kommen hierher, um die Schönheit der Insel zu bestaunen.

Auch die zerfallene Burg auf dem Inselchen vor **Cannero** (E 4, s. S. 54) gehört den Borromeo. Hier stand früher die Festung der Mazarditi, den wilden Piratensöhnen einer Fleischerfamilie am Ufer. Ihre Räuberburg wurde im Jahre 1414 von den Visconti dem Erdboden gleichgemacht. Die Borromeo erbauten dann auf den Ruinen der ehemaligen Castelli di Malpaga eine neue Anlage.

Collegio Papio

Der letzte Ort auf den Spuren der Borromeo ist das Collegio Papio in **Ascona** (G 1, s. S. 47), das zur Mailänder Diözese gehörte. S. Carlo hatte den Bau persönlich überwacht und das Collegio gegründet. Denn der nördliche Teil des Sees lag gefährlich nahe an der calvinistischen Schweiz und so war es für ihn besonders wichtig, hier einen festen Stand zu haben, um gegen die Häretiker anzukämpfen. Als ihn das Fieber packte, reiste er über Cannobio, Arona, den Ticino und den Naviglio todkrank zurück nach Mailand, wo er am 3.11.1584 starb.

Noch heute gehören die Rocca von Angera, große Ländereien, die Inseln und das Fischereirecht ringsum sowie ein großer Teil des Mottarone, auf dessen Zufahrtsstraße man von Stresa kommend Maut bezahlen muss, den hohen Herren mit dem Namen Borromeo. Vielleicht zeigt dieser Umstand am besten, wie sehr das Leben am Lago Maggiore nach wie vor mit der berühmten Familie verknüpft ist.

Tour- Info

Autotour, die man in verschiedenen Etappen machen kann. Die Orte überschneiden sich zum Teil mit den Touren ›Parks und Gärten‹ und ›Museen rings um den Lago‹. Die Inseln muss man natürlich mit dem Boot erreichnen. Entfernung von Angera bis Ascona ca. 80 km.

Tour 2

Pyramidenförmig angelegter Barockgarten auf der Isola Bella

Parks und Gärten

Im 18. Jh. begannen viele Patrizierfamilien, sich nach römischem Vorbild prächtige Villen außerhalb der Stadt zu bauen. Auch die Bourgeoisie des 19. Jh. errichtete luxuriöse Residenzen im Grünen. Besonderen Wert legte man dabei stets auf die Gestaltung der Gärten. Die wunderbaren Anlagen am Lago Maggiore zeigen beispielhaft die Verschmelzung von klassisch-symmetrischer, italienischer mit ›natürlicher‹ englischer Gartenbaukunst, die, von der Romantik beeinflusst, der Natur freien Lauf ließ.

Der englische Park in Stresa

Unsere Tour beginnt in **Stresa** (C 7, s. S. 98ff.): In einem großen englischen Park mit Seeblick steht die 1850 erbaute, neoklassische **Villa Pallavicino.** Auf einer Terrassierung befindet sich der ›Parco di Fiori‹ mit Rosen, Azaleen, Rhododendren und Magnolien. Die Hausherrin, die Marquesa Luisa Pallavicino, ließ 1952 im Park einen Zoo anlegen, der u. a. eine schillernde Sammlung exotischer Vögel umfasst.

Vom Park blickt man auf den Golfo Borromeo. Die Anlagen zweier hier liegender Inseln, der Isola Bella und der Isola Madre, gelten – zusammen mit dem Garten der Villa Taranto am Festlandufer zwischen Intra und Pallanza – als die schönsten künstlichen Landschaften am Lago Maggiore.

Der botanische Garten auf der Isola Madre

Auf dem größten Eiland, der Isola Madre (C 6/7, s. S. 68 und Extra-Tour 1, S. 109), ließ Renato Borromeo 1590 eine imposante Villa errichten. Doch die größte Aufmerksamkeit genießt hier seit Jahrhunderten die Natur ringsum: Der botanische Garten, einst reich an importierten tropischen Pflanzen, ist eine der ältesten Anlagen Italiens. Schon vor 1 000 Jahren wuchsen hier Olivenbäume, im 16. Jh. vor allem Obstbäume. Seine heutige Gestalt bekam das Ganze im 19. Jh., als man neben Palmen auch Nutzpflanzen wie Kaffee und Zimt anpflanzte. Neben der Villa steht die älteste Kaschmir-Zypresse Europas. Besonders im Frühjahr erwartet die Besucher ein einzigartiges Blütenmeer: Dann blühen die über 500 Arten von Kamelienbüschen neben Azaleen und 15 m hohen Rhododendren in allen Tönen und Schattierungen. Besonders farbenprächtig ist auch der Herbst. Die Komposition der Düfte spielt in einem Park eine wichtige Rolle. Jasmin, Olio fraganz, Zitronen, Nelken, Gardenien, Rosen wechseln sich ab. Dazwischen stolzieren weiße Pfauen, trippeln Tauben, umschwirrt von Hunderten von schnatternden Wellensittichen – eine wahre Augenweide.

Pyramiden-Garten auf der Isola Bella

Die Isola Bella (C 6/7, s. S. 67) Extra-Tour 1, S. 109), die »schöne Insel«, ist ein künstlich verändertes Eiland. 1630 wurde die Bebauung des Felsenriffs, auf dem lediglich ein paar armselige Fischerhütten standen, von Graf Carlo III. Borromeo begonnen. Er taufte die Insel zu Ehren seiner Frau zunächst Isabella. Sein Sohn Vitaliano setzte den Bau fort. Auf dem Riff wurden zehn übereinander liegende Terrassen zu einer stumpfen Pyramide angelegt. Insgesamt realisierte man einen abenteuerlichen Bauplan, nämlich die Darstellung eines vor Anker liegenden Traumschiffes. Der kunstvoll angelegte Garten mit unendlich vielen raren Pflanzen fügt der erfundenen Natur pflanzliche Ornamentalbauten hinzu. Die Barockkomposition der Isola Bella erfuhr im Laufe der Zeit einige Veränderungen, ist aber nach wie vor ein architektonisches Wunderwerk. Der barocke Borromeo-Palast mit seinen sechs originellen, Neptun gewidmeten Grotten, die an heißen Tagen als Erfrischungsräume dienten, und die Gartenterrassen unter strahlend blauem Himmel wirken wie der Wirklichkeit gewordene Traum vom Paradies im sonnigen Süden.

Villa Taranto

Das nächste Etappenziel ist die Villa Taranto in **Pallanza** (D 6, s. S. 91) auf der Halbinsel **Castagnola**. Auch hier bietet ein botanischer Garten von April bis Oktober eine ständig wechselnde Blütenpracht. 1931 kaufte der schottische Hauptmann Neil McEacharn das Grundstück, um hier einen englischen Garten mit italienischen Dekorationen, Statuen, Terrassen, Brunnen, Wasserfällen und Pflanzen aus aller Welt anzulegen. 1939 schenkte er diesen 20 ha großen Park voller botanischer Schätze dem Staat. Wer Zeit hat, kann noch die **Villa San Remigio** (D 6, s. S. 91) samt Park besuchen.

Isole Brissago

Unsere grüne Tour endet auf den Isole di Brissago (F 2, s. S. 54), im botanischen Garten des Kanton Ticino. Seine im Freien wachsenden, exotischen Pflanzen stammen aus verschiedenen Weltgegenden. Am reichsten vertreten ist die mediterrane *macchia*, der duftende Buschwald der Mittelmeerküste. Die 30-jährige Antonietta Baronin de St. Léger kaufte 1885 die unbewohnte Insel und verwandelte sie in einen Paradiesgarten. Sie führte ein abenteuerliches, grandioses Leben, investierte ihr Vermögen in unrentable Projekte und starb 90-jährig arm, vergessen und verschuldet im Spital von Intragna. Auch ihr Nachfolger, der Hamburger Kaufmann Max Emden, der die Insel in den 30er Jahren des 20. Jh. erwarb, sorgte für Klatsch und Aufsehen. 1949 kamen die Inseln in den Besitz des Schweizer Staates und wurden ein botanischer Garten.

Tour- Info

Autotour, die man in verschiedenen Etappen machen kann. Zu den Inseln fahren regelmäßg Boote. Da man nicht alle Parkanlagen an einem Tag besichtigen kann, muss man eine Auswahl treffen oder sich entsprechend mehr Zeit nehmen. Zum Teil überschneiden sich die Orte mit den Extra-Touren 1 und 2.

Transportmuseum in Ranco

Tour 3

Museen um den Lago Maggiore

Schweizer Museen

Rings um den Lago und in seinen Seitentälern gibt es viele originelle Museen. Beginnen wir im schweizerischen **Locarno** (G 1, s. S. 76ff.), wo im Viscontischloss eine Sammlung römischer Gläser aus dem 1.–4. Jh. n. Chr., prähistorische Funde, apulische Vasen sowie romanische Kunst ausgestellt sind.

Oberhalb des Nachbarorts **Ascona** (G 1, s. S. 45ff.) liegt der Monte Verità. Hier berichten Fotos, Bücher, Briefe und Kleidung, ausgestellt in den drei Museen Casa Anatta, Casa Selma und Chiaro Mondo dei Beati, von der Immigration zum Teil sehr berühmter Leute aus dem Norden. Um 1900 kam eine Gemeinschaft überzeugter Naturanhänger hierher. Sie predigte die Reformation von Körper und Geist und lebte vegetarisch, barfüßig und frei. 1926 geriet der Monte Verità in den Besitz des Bankiers Eduard von der Heydt. Der war ein großer Kunstsammler, der Bauhauskünstler wie Walter Gropius, Marcel Lajos Breuer und Oskar Schlemmer an den See zog und ein Hotel im Bauhausstil errichten ließ. Die Region war bis zum Krieg ein kreatives Zentrum für Künstler und Aussteiger und auch ein Zufluchtsort für viele, die das Nazideutschland verließen. In den 50er Jahren des 20. Jh. wurde Ascona, die einstige »Republik der Heimatlosen, der Verfolgten und des Subproletariats« (Erich Mühsam), vom Tourismus entdeckt und hat sich seither als Erhohlungsort etabliert.

Museen am Westufer des Lago und am Ortasee

Im italienischen **Ghiffa** (E 5, s. S. 63f.) gibt es seit 1993 das Museo dell' Arte del Cappello, ein Hutmuseum in den Räumen der einstigen Fabrik Panizza. Man bekommt Maschinen, Werkzeuge, Filme und natürlich Hüte zu sehen und erfährt im Detail, wie aus einem Kaninchen ein Filzhut wird.

Weiter geht die Fahrt nach **Pallanza** (D 6) zum **Palazzo Viani-Dugnani** aus dem 17. Jh., der das **Museo del Paesaggio** beherbergt. Ausgestellt sind Landschaftsbilder lombardischer und piemontesischer Künstler aus dem 19. und 20. Jh., daneben Skulpturen u. a. von Nikolai Troubetzkoy, Sohn eines russischen Aristokraten und einer amerikanischen Künstlerin, der in Intra aufgewachsen ist. Seine Porträts bekannter Zeitgenossen wie Enrico Caruso, Leo Tolstoi, Bernhard Shaw und Giacomo Puccini sind weithin berühmt.

Im Vergante findet man das **Museo dell' Ombrello e del Parasole** in

Gignese (C 7, s. S. 100) – eine einzigartige Sonnen- und Regenschirmsammlung mit insgesamt 1500 Exponaten. Schirme von Prominenten, Handwerkzeug, Fotos und Dokumente halten die Welt der Schirmmacher und -reparateure fest, die in Oberitalien lange durch die Dörfer zogen. Von hier kann man den Ortasee erreichen.

Auch rings um den Ortasee sind interessante Museen: Im kleinen Ort **Quarna Sotto** (A7) erzählt das **›Museo Etnografico e dello Strumento Musicale‹**, Via Roma, 5, Tel. 03 23 82 60 01, von den Blasinstrumenten, die hier produziert und im 19. Jh. in alle Welt exportiert wurden. Es besitzt eine Sammlung von über 300 dieser Instrumente. In Omegna sollte man das **Museo di Arte e Industria** ›Forum‹ besuchen, das die Geschichte der Kaffeemaschinen, Dampftöpfe & Co, erzählt. Parco Rodari, 1, Tel. 03 23 86 61 41, Di–So 16–19 Uhr.

Die **Fondazione Calderara** in **Vacciago**, einem Ortsteil von Armeno (B8), Tel. 03 22 99 81 92, besitzt eine interessante Sammlung moderner Kunst. Eine schöne Rückfahrt zum Lago Maggiore bietet die Route über Armeno–Gignese–Stresa.

Museen am Ostufer des Lago

In **Sesto Calende** (E 10, S. 96) begegnen wir erneut der Regionalgeschichte. Das **Civico Museo Archeologico della Civiltà di Golasecca** präsentiert Funde aus der Golasecca-Kultur (9.–5. Jh. v. Chr.) aus dem gleichnamigen Dorf in der Nähe von Sesto Calende.

Anschließend lädt die mächtige Burg von **Angera** (D 9, s. S. 40ff.) zur Besichtigung eines entzückenden Puppenmuseums ein. Das **Museo della Bambola e dell' Abbigliamento infantile** zeigt kostbares Spielzeug aus zwei Jahrhunderten aus der Privatsammlung der Prinzessin Bona Borromeo. Puppen der unterschiedlichsten Machart und Kulturen warten in kostbaren Kleidchen und sorgfältig eingerichteten Puppenhäusern auf Besuch. Darüber hinaus gibt es Stofftiere, Blechspiele und hübsch gestaltete Bücher, bei deren Anblick man ins Träumen gerät. Eine Sammlung feiner Kinderkleider aus zwei Jahrhunderten rundet diese interessante Reise durch die Sitten- und Modegeschichte ab.

In **Ranco** (D 9, s. S. 94f.) hat Francesco Ogliari mit größter Leidenschaft und Sorgfalt ein Verkehrsmuseum, das **Museo Europeo dei Trasporti**, in seinem Privatpark direkt am See installiert. Von der Postkutsche mit Pferden, Gepäck und Reisenden in den Kostümen jener Zeit über Züge, Schwebebahnen und Motorräder bis hin zur Mailänder U-Bahn hat man mit Wagen aller Art und den passenden Geräuschkulissen die Geschichte des Transports nachvollziehbar gemacht.

Erwähnenswert ist noch **Cerro** (D 7, s. S. 59) kurz vor Laveno, seit dem 19. Jh. berühmt für seine Keramikproduktion. Im **Palazzo Perabò** (16. Jh.) sind Vasen, Skulpturen, kunstvoll bemalte Teller, aber auch aufs Feinste gearbeitete Nachttöpf, sowie im Erdgeschoss moderne Arbeiten ausgestellt.

Tour- Info

Die Museumstour, auf der fast der gesamte See umrundet wird, kann in Etappen auf mehrere Tage verteilt werden. Wichtig zu bedenken: Montags sind alle italienischen und ein Großteil der schweizerischen Museen und Ausstellungen geschlossen!

Villen, Klöster, Op- und Pop-Art

Wer hat heutzutage schon die Möglichkeit eine riesige Villa aus dem 18. Jh. oder das Schloss seiner Vorfahren zu erhalten? Viele kostbare historische Gemäuer zerfallen unter der Last ihres Alters und der Erbschaftssteuern. So kam vor etwa 25 Jahren eine Gruppe feiner, alter Freunde, die sich abwechselnd ihr Leid der zerfallenden Kleinode vortrugen, auf die Idee, nach dem Vorbild des schon Ende des 19. Jh. in England gegründeten »National Trust« auch in Italien einen Verein zu gründen, der sich solcher Objekte annimmt. Das war die Geburtsstunde des **FAI** (Fondo per l' Ambiente Italiano – Stiftung für italienisches Kulturgut). Fai! bedeutet aber auch »tue, mach!«. Der Name wurde also zu einem Aufruf, Unwiederbringliches zu retten und zu bewahren. Die Gründer suchten kreuz und quer in Italien nach Mitgliedern und Sponsoren, und nach einem etwas mühsamen Beginn kamen die ersten Schenkungen und Gelder zusammen. Heute besitzt der FAI etliche Schlösser, Burgen, Klöster, Villen und Landstriche, die so vor Spekulation, Straßenbau und Partialisierung bewahrt worden sind. Der FAI restauriert die Kulturgüter und macht sie der Allgemeinheit zugänglich. Vor allem in der schönen Jahreszeit finden Konzerte, Kunst-, Blumen- oder andere Ausstellungen, Aufführungen, Spiel- und Lehrtage für Kinder statt. Die Stiftung lebt von den Beitrittsgeldern ihrer inzwischen riesigen Mitgliederzahl, dem Eintritt in ihre Besitzungen und der Hilfe von Sponsoren und Künstlerfreunden wie Claudio Abbado und Riccardo Muti, die Konzerte für sie dirigierten, Luciano Pavarotti, der für sie sang, oder Künstlern, die ihre Werke spendeten. Die ehemaligen Besitzer und ihre Nachkommen behalten ein Wohnrecht in einem Teil des Gebäudes und sehen mit an, wie ihre oft schon verfallenden Schätze zu neuem Leben erwachen.

Der FAI hat in der Provinz von Varese drei Besitzungen: die Villa della Porta Bozzolo in **Casalzuigno** (s. S. 74), die Villa Panza in Varese (s. S.101) und das kleine Kloster in Torba.

Villa della Porta Bozzolo

Die Villa Bozzolo in Casalzuigno (F6) aus dem 16.–18. Jh. wird von einem italienischen Barockgarten umgeben, der treppenfömrig den Hang hinaufklettert und zunächst das so genannte Theater, eine große runde, leicht abschüssige Wiese, erreicht. Dahinter erklimmt er auf einem Zick-Zack-Weg die Hügelkuppe (469 m), von der aus man einen schönen Blick auf die ganze Anlage hat. In der Villa selbst schreitet man durch eine Flucht von Räumen, den Ballsaal, die Schlafzimmer mit Baldachinbetten und genießt immer wieder Blicke auf Garten und Innenhof. Am schönsten präsentiert sich die Villa im Sommerhalbjahr, wenn sie zu einer der vielen, vom FAI organisierten Aktivitäten genutzt wird und in jeder Ecke des Gartens, der Wirtschaftsräume und Keller etwas Interessantes passiert oder zu bestaunen ist.

Villa Menafoglio Litta Panza

Die Villa liegt auf dem Hügel über der Stadt Varese, auf dem die prächtigen Bauten der reichen Varesini und Mailänder in Parks und Gärten stehen. Bis vor wenigen Jahren wurde sie vom **Grafen Panza** ganz bewohnt, der sie auf Anfrage Interessenten zeigte. Lange und vergeblich hatte er sie mit all ihrer Kunst der Stadt, der Provinz und der Region Lombardei angeboten und sie dann Ende der 1990er Jahre samt dem prächtigen Garten dem FAI geschenkt. Wie alle leidenschaftlichen Sammler wünschte er sein Lebenswerk erhalten zu wissen. Seine berühmte Op- und Popsammlung ist leider inzwischen ins Moma von Los Angeles gegangen. Trotz der verloren gegangenen Gemälde ist sie immer noch eines der wichtigsten Zentren zeitgenössischer, vor allem amerikanischer Kunst in Italien. Denn ihr Besitzer hatte schon Anfang der 70er Jahre amerikanische Künstler berufen, die in den großen Räumlichkeiten seiner barocken Villa vor allem **Lichtinstallationen** und **Minimal Art** hinterließen. In seinem einstigen Wohntrakt wandert man zwischen antiken Möbeln (16.–19 Jh.), auf denen präkolumbianische Kunstwerke stehen und über denen riesige, monochrome Bilder berühmter Künstler der 1960er bis 1990er Jahre hängen. Mit Kopfhörern (englisch u. italienisch) wird den Besuchern alles erklärt, bevor sie in einem kleinen, eleganten Raum Kaffee trinken oder auch ein kleines Mahl zu sich nehmen können. Zuweilen gibt es Konzerte und auch Sonderausstellungen in der Villa Panza, deren schöner Park von Frühjahr bis Herbst eine weitere Attraktion ist.

Torba (H10)

Die uralte kleine Klosteranlage, die um 1600 von Benediktiner-Nonnen verlassen und bis Ende der 1960er Jahre von Bauernfamilien bewohnt wurde, blieb dem Verfall überlassen, bis sie der FAI in den 80er Jahren restaurierte. Der älteste Teil war ein Wehrturm des römisch-langobardischem **Castrums Castelseprio** aus dem 5./6.Jh. Im 8. Jh. bezogen es Benediktinermönche und es entstanden nach und nach das Kloster und die Kirche. Das interessanteste Kunstzeugnis, wenn auch nur fragmentarisch erhalten, sind die Fresken im Turm, die wahrscheinlich aus dem 8./9. Jh. stammen und zu den raren Zeugen hoch-mittelalterlicher Kunst in Norditalien gehören (10–13, 14–18, Okt/Nov. bis 17 Uhr, Mo und von Mitte Dez. bis 1. Feb. geschl.).

Tour- Info

Die Strecke von Casalzuigno üer Varese nach Torba umfasst ca. 32 km. Am lohnendsten ist ein Besuch der Sehenswürdigkeiten, wenn der FAI Ausstellungen, Spiele für Kinder, bunte Umzüge und Ähnliches organisiert. Solche Sonderveranstaltungen sind bei den jeweiligen Infostellen zu erfragen.

Tour 5

Die Val Grande bietet unendlich viele Ausflugs- und Wandermöglichkeiten.

Wandern in der Val Grande

Die Val Grande ist mit 11 700 ha das größte Wilderness-Gebiet Italiens. Es gibt sogar noch Erweiterungspläne. Dieses Bergtal zwischen dem Lago Maggiore und den Lepontinischen Alpen ist heute eines der wildesten, unberührtesten Gebiete des gesamten Alpenbogens. Und das nur wenige km vom Trubel des Lago Maggiore und 100 km von Mailand entfernt!

Tragische Hintergründe der Landflucht

Ein Kranz von steilen, unwegsamen, über 2 000 m hohen Bergen bilden die Wände eines Amphiteaters, das dieses unbewohnte Tal ›vor der Zivilisation schützt‹. Das war nicht immer so. Früher diente das schwierige, schroffe Gelände der Almwirtschaft. Um 1900 blühte hier der Handel mit Holz, das über eine 10 km lange Schwebebahn von Pogallo bis zum Fondotoce befördert wurde. Man sieht noch Teile dieser Lastseilbahn und trifft auf Reste von mit Steinplatten gepflasterten Wegen. Der Kahlschlag dieser Region nach dem Ersten Weltkrieg, der Mailand mit Brenn- und Bauholz versorgte, hinterließ tiefe Wunden. Während des Zweiten Weltkriegs hatten sich viele Partisanen in das unwegsame Tal geflüchtet. So wurde es im Juni 1944 zum Schauplatz einer der blutigsten Antiguerilla-Aktionen der deutschen Alpenjäger und der Schwarzhemden der Republik von Salò: 17 000 Soldaten schlugen hier brutal 500 Partisanen nieder und setzten die Almen in Flammen. Auf Wanderungen stößt man immer wieder auf Gedenksteine mit den Namen der erschossenen Partisanen. Dieses blutige Stück Geschichte blieb unauslöschlich in der Erinnerung der hiesigen Menschen haften. Die Zerstörung der Höfe und Almen führte zur endgültigen Landflucht aus dem Bergtal, in dem Menschen jahrhundertelang die Sommermonate über gelebt und gearbeitet hatten.

Ungezähmte Natur

Die durch das milde Klima üppige Vegetation überwucherte in den letzten Jahrzehnten die alten Bergpfade und Almen und schuf ein raues, aber unendlich faszinierendes Tal. Wer hierher kommt, wähnt sich in einer anderen, ›unzivilisierten‹ Welt, in der eine reiche Flora gedeiht: Laubmischwald, vor allem Kastanien, Eichen, Birken und Ahorn, weiter oben Buchen, Tannen und Fichten, eine Blumenvielfalt mit Narzissen, Nelken, Alpenrosen, Orchideen, Enzian. Reich ist auch die Fauna mit Gemsen, Schwarz- und Rotwild, Adlern und Niederwild. In der Val Grande gibt es viel Wasser: Flüsse, Wildbäche und reichliche Niederschläge, die eine starke Erosion bewirken. Die bildet häufig tiefe, gefährliche, schwer zu überwindende Schluchten. Die raren Übernachtungsmöglichkeiten findet man in den wenigen noch nicht völlig zerfallenen Steinhütten und Ställen. Verpflegungsstationen gibt es nicht.

Die schönsten Wanderrouten

Doch am Rande des Naturschutzgebietes, wo die ehemaligen Almen gut zu erreichen sind, hat man viele dieser Hütten zu Sommerhäusern umgebaut und gut beschriebene, nicht zu schwierige Wanderwege mit Rastmöglichkeiten eingerichtet. Man kann z. B. per Auto in Intra (D 6) starten und die kleine Zufahrtstraße zum **Monte Faiè** über Bieno nehmen. Am **Rifugio Antonia Fantoli** (B 5) treffen sich alle Wanderfreaks, um sich mit Infos einzudecken und die erste Wanderetappe zurückzulegen. Die bietet tolle Blicke auf die Val Grande sowie auf den **Golfo Borromeo** und führt von **Ruspesso** (B 5) zur **Alpe Ompio**, dann auf den Monte Faiè, der einen der gewaltigsten Blicke auf das gesamte Gebiet erlaubt, weiter zur **Colma di Vercio** und zurück nach **Ruspesso**. Im Rifugio Fantoli vom CAI kann man essen und auch übernachten: Tel. 03 24 89 01 76, 03 24 89 01 84, Handy 34 85 40 89 36 (rechtzeitige Anmeldung notwendig).

Hinter Bieno kann man auch in Richtung Rovegro nach **Cicogna** (C 4, s. S. 67) abbiegen, der heimlichen Hauptstadt der Val Grande. Dies ist der letzte Ort, den man über sehr schmale Straßen mit dem Auto erreichen kann. In den 30er Jahren des 20. Jh. lebten hier noch 700 Menschen, heute sind es weniger als 20! Hier hört die zivilisierte Welt auf und das Reich der Adler und Steinböcke beginnt. Achtung vor Schlangen! Mit Vorsicht und dem sprichwörtlichen »Auf-den-Busch-klopfen« ist man vor den scheuen Giftschlangen sicher. Cicogna kann man auch über **Cossogno** (C 5) erwandern, das in die nationale Industriegeschichte eingegangen ist. Denn hier hat Carlo Sutermeister 1892 eines der ersten Wasserkraftwerke Italiens gegründet.

Weitere Wanderungen: Eine schöne Strecke geht von Cicogna in die **Val Pogallo,** eine andere von Cicogna zur **Alpe Prà.** Eine herrliche Wanderung führt von der **Alpe Archia** (D 4), wo man von Juni bis September essen und im eigenen Schlafsack übernachten kann (Reservierung unbedingt notwendig: Tel. 34 77 78 85 75, 34 96 82 17 69 oder 03 23 49 65 67), auf den **Monte Zeda** (C 4) – der Lago Maggiore und die Val Pogallo aus der Vogelperspektive entschädigen für die Mühen der Tagestour. Von Malesco (C 2, s. S. 58) aus erklimmt man mit der **Cima Laurasca** (C 3) einen guten Aussichtspunkt.

Tour- Info

Auskünfte erhält man bei:
Ente Parco Nazionale Val Grande, Villa S. Remigio, Pallanza, Tel. 03 23 55 79 60, Fax 03 23 55 63 97, www.parks.it/parco.nazionale.valgrande, pvgrande@tin.it;
Comunità Montana, Cambiasca, Tel. 03 23 55 22 07;
Centro Visita di Rovegro, Tel. 03 23 46 82 58.
Bergführer: auch Guide Wilderness, Tel. 34 73 31 20 00.

Register

DuMont Reiseverlag, Postfach 101045, 50450 Köln, E-Mail: info@dumontreise.de

Fotonachweis:
Titelbild: Borromäische Inseln
Vignette: Frau mit Weinflasche
S. 4: Isola dei Pescatori
S. 6/7: Über den Dächern von Arona
S. 38/39: Piazza Grande in Locarno
S. 106/107: Blick von Stresa auf den Lago

Bianchi, Stefano (Besozzo/Varese) 6/7, 41, 61, 65, 70, 73, 96, 112, 116
Laif/Eid (Köln) Titel, 2/3, 12, 14, 18, 20, 22, 31, 38/39, 51, 66/67, 89, 110, 114
Laif/Heuer (Köln) 28, 106/107
Laif/Krinitz (Köln) 56/57
Laif/Perkovic (Köln) 8/9
Look/Florian Werner (München) S. 4, 10, 24,076/77, Umschlagrückseite unten
Thomas, Martin (Aachen) Vignette, 17, 104
Visum/Gebhard Krewitt (Hamburg) S. 4, 69 108, Umschlagrückseite oben

Kartografie: © DuMont Reiseverlag, Köln

Grafisches Konzept: Groschwitz, Hamburg
Druck: Rasch, Bramsche
Buchbinderische Verarbeitung: Bramscher Buchbinder Betriebe

ISBN 3-7701-6448-2

Ich leb Online
mit T-Online.